世界研究生教育经典译丛　丛书总主编：王战军

THE FORMATION OF SCHOLARS:
RETHINKING DOCTORAL EDUCATION FOR
THE TWENTY-FIRST CENTURY

学者养成
重思21世纪博士生教育

[美]乔治·E·沃克（George E. Walker）
[美]克里斯·M·戈尔德（Chris M. Golde）
[美]劳拉·琼斯（Laura Jones）　著
[美]安德里亚·康克林·比舍尔（Andrea Conklin Bueschel）
[美]佩特·哈群斯（Pat Hutchings）

黄　欢　译

北京理工大学出版社
BEIJING INSTITUTE OF TECHNOLOGY PRESS

WILEY

版权专有　侵权必究

图书在版编目（CIP）数据

学者养成：重思 21 世纪博士生教育 /（美）乔治·E·沃克等著；黄欢译. —北京：北京理工大学出版社，2018.8（2021.11重印）

书名原文：The Formation of Scholars: Rethinking Doctoral Education for the Twenty-First Century

ISBN 978-7-5682-5994-1

Ⅰ．①学… Ⅱ．①乔… ②黄… Ⅲ．①研究生教育-研究 Ⅳ．①G643

中国版本图书馆 CIP 数据核字（2018）第 165861 号

北京市版权局著作权合同登记号　图字：01-2016-6049 号

Translation from English language edition:
The Formation of Scholars: Rethinking Doctoral Education for the Twenty-First Century (ISBN: 9780470197431) by George E. Walker, Chris M. Golde, Laura Jones, Andrea Conklin Bueschel, Pat Hutchings. Copyright © 2008 by The Carnegie Foundation for the Advancement of Teaching, 51 Vista Road, Stanford, CA. Authorised translation from the English Language edition published by Jossey-Bass. A Wiley Imprint. All rights reserved. No Part of this book may be reproduced in any form without the written permission of the original holder, John Wiley & Sons Limited.

出版发行 /	北京理工大学出版社有限责任公司
社　　址 /	北京市海淀区中关村南大街 5 号
邮　　编 /	100081
电　　话 /	（010）68914775（总编室）
	（010）82562903（教材售后服务热线）
	（010）68944723（其他图书服务热线）
网　　址 /	http://www.bitpress.com.cn
经　　销 /	全国各地新华书店
印　　刷 /	北京虎彩文化传播有限公司
开　　本 /	710 毫米×1000 毫米　1/16
印　　张 /	14
字　　数 /	202 千字
版　　次 /	2018 年 8 月第 1 版　2021 年 11 月第 4 次印刷
定　　价 /	72.00 元

责任编辑 / 刘永兵
文案编辑 / 刘永兵
责任校对 / 周瑞红
责任印制 / 王美丽

图书出现印装质量问题，请拨打售后服务热线，本社负责调换

《世界研究生教育经典译丛》编委会

总 顾 问：赵沁平（中国工程院院士，中国学位与研究生教育学会会长）
总 译 审：张　炜（西北工业大学党委书记，北京理工大学原党委书记，教授）
编委会主任：方岱宁（中国科学院院士，北京理工大学副校长）
　　　　　　王战军（北京理工大学研究生教育研究中心主任，教授）
委　　　员：麦瑞思·内拉德（Maresi Nerad）（美国华盛顿大学教授）
　　　　　　凯瑟琳·蒙哥马利（Catherine Montgomery）（英国巴斯大学教授）
　　　　　　李　军（加拿大西安大略大学教授）
　　　　　　陈洪捷（北京大学教育学院教授）
　　　　　　施晓光（北京大学教育学院教授）
　　　　　　袁本涛（清华大学教育研究院教授）
　　　　　　秦惠民（中国人民大学教育学院教授）
　　　　　　刘宝存（北京师范大学教育学部教授）
　　　　　　周海涛（北京师范大学教育学部教授）
　　　　　　李　镇（北京理工大学发展规划处处长，研究员）
　　　　　　王军政（北京理工大学研究生院常务副院长，教授）
　　　　　　周文辉（学位与研究生教育杂志社社长）
办　公　室：周文辉　沈文钦　李明磊　黄　欢　王佳蕾

丛书序

世界研究生教育经典译丛

随着社会生产力日新月异的发展，高水平原始创新能力和拔尖创新能力成为世界各发达国家人才竞争的核心。研究生教育位于教育"金字塔"的顶端，是科技创新和拔尖创新人才培养的关键载体，发达国家和世界顶尖研究型大学无不将研究生教育作为提升自身实力和国际竞争力的重要抓手，高度重视研究生教育，形成了比较完善的研究生教育体系和推进研究生教育发展的国家战略。

中国研究生教育起源于 20 世纪 30 年代，规模极小，受时局影响时续时断，中华人民共和国成立以后，特别是 1980 年建立学位制度后，我国研究生教育取得长足发展，基本形成了学科门类齐全、基本满足社会需求的研究生教育体系。2016 年我国在校研究生人数达到 200.4 万人，成为世界研究生教育大国。

纵观世界发达国家研究生教育的发展和国家重大发展战略需求，以及"双一流"建设的目标，我国的研究生教育还面临着诸多问题和发展的制约瓶颈。随着国家治理体系和治理能力现代化建设的深入推进，解决我国研究生教育的难点和深层次问题，实现研究生教育强国时代目标的综合改革也进入了关键阶段。

要解决我国研究生教育改革与发展中的诸多难点和深层次问题，需要我们承担起历史的责任，有更大的勇气和智慧，付出更多努力，加强研究生教育理论研究，探索研究生教育发展规律，创新、构建符合我国国情的研究生教育学理论和学科体系，从而走出我国研究生教育改革和发展的新路子。

"他山之石，可以攻玉"，学习借鉴国际上研究生教育研究的有关成果，推动我国研究生教育的研究，促进我国研究生教育的改革和发展，是建设研究生教育强国的必经之路，也是提升我国研究生教育的国际地位和影响力，推动中国研究生教育研究国际交流与合作的客观需要。

为此，北京理工大学研究生教育研究中心组织有关专家精心遴选发达国家近年来研究生教育研究和实践领域有影响力的著作，翻译出版《世界研究生教育经典译丛》系列丛书。本丛书为我国研究生教育学的研究和发展提供了重要参考，也为研究生教育人才的培养提供了高水平教材和智力支持，在我国尚属首次，并将产生重要影响。

希望编委会各位国内外专家、译者继续开拓创新、精益求精，踏踏实实地做好"丛书"的选题、翻译、出版等工作，为我国研究生教育的研究和发展做出贡献。

2017 年 10 月于北京

卡内基教学促进基金会
(The Carnegie Foundation for the Advancement of Teaching)

卡内基教学促进基金会于 1905 年由 Andrew Carnegie 资助设立，并于 1906 年被一项美国国会法案批准成立。卡内基教学促进基金会是一个独立的政策和研究中心，它的使命是"做一切可以鼓励、维护和促进教师职业和高等教育事业发展的必要工作"。

卡内基教学促进基金会是美国国内和国际上重要的教学研究和政策分析中心。基金会的愿景是解决大学、学院和公立学校中教学方面所面临的重要问题，例如，如何使课堂教学取得更好的效果，如何更好地实现学生的持久性学习，如何评估教学对学生产生的影响。

前　言

学术研究需要字斟句酌。正如这本书的名字《学者养成》一样，其蕴含了两个需要阐释的关键词：即"养成"（formation）和"学者"（scholars）。为什么要使用这两个词？这是因为这两个词概括了本书所研究内容的基本思想。先说"学者"一词，博士生教育让学者既领悟已知事物又探索未知事物，学者需要保存和传承最具有价值的知识，这些知识先前经过了他们批判性的验证。随着自身研究的深入，学者会对已有的知识形成新的认识，随着认识的深入，学者完整地、负责地、传承地运用知识和技能的责任感就越强。学者是思想者，是行动者，是知识探险者，是道德守护者。再说"养成"一词，养成的概念来源于宗教教育者，它是指一种能够达到思想与道德融合的教育。

当我刚开始接触教师教育时，业内人士劝诫我不要使用"教师培训"（teacher training）一词，因为培训意味着缺乏思想，既定的培训更适合于生产流水线，而不适合于教育，谈培训也强化了支配教师培养和教师评价的肆意行为。更合理的表述应该是"教师教育"（teacher education），"教师教育"与教学中的智力、策略和思想性更加贴切。我将这个建议铭记于心，当我 1984 年在美国教育研究协会发表就职演讲时，我引用了 Shaw 的一句话作结语——"会做的人，不一定会教"，我将其改为"会做的人，还要很好地理解才会教"。教学是一种有意识的行为，需要教师善于理解，故而丰富的教育经历必不可少，然而仅仅善于理解也是不够的。

近年来，我与卡内基教学促进基金会（The Carnegie Foundation for the Advancement of Teaching）的同行携手开展比较教育研究，研究涉及法律、工程、宗教（牧师）、教育、机械和医学等专业领域。同时，我们对博士生教育进行研究，在本书中会有所介绍和分析。我们很早就意识到博士生教育会成为学者专业预备的一种途径，拥有博士学位的人既有探索未知的意识亦有积极行动的意愿，这些人不仅对本学科领域的内容理解深刻，而且在完善学科、让学科服务社会等方面有很强的责任感。我们发现"养成"一词在宗教教育和神职人员培养中常被使用，尤其是适用于描述培养智力和道德融合发展的兼具多重角色（发现、综合、教学、服务）的学者。因此，我们从使用"培训"转向使用"教育"再转向使用"养成"一词。

博士学位在学术界中享有"王冠"之誉，被学生视为最高成就。它意味着博士学位获得者已经准备好，已经有资格、有义务完成巨大的角色转变，即从学生到教师，从学徒到师傅，从新手、实习生到独立的学者和领导。博士学位标志着博士学位获得者成为一名专业学科和职业的"守护人"，我们并没有纠结于选择"养成"还是"学科守护"（stewardship）。博士学位意味着智力拥有和道德责任感的合一性。

因此，博士学位被理解为一个人在专业领域更加深入研究。学术等同于工程学、法学、医药学？不一定，我想起在母校毕业典礼安排上的惊奇。当在芝加哥大学完成研究生学习时，我目睹了在星期五举行的本科生毕业典礼，当时的安排是把临术医学博士（MD）和法学博士（JD）的学位同所有学士学位一起授予。授予硕士学位与博士学位的研究生毕业典礼则被安排在第二天。正当我对此安排表示疑惑时，别人告诉我医学博士和法学博士天生就与本科教育联系在一起。的确，我们通常将四年的医学院视为"本科医学教育"。在美国之外，最初的医学学位便是医学学士，直到近几年，法学学位才由最初的法学学士（LLB）设置到法学博士，在课程要求与标准上却没有任何的转变。这些学位并没有给予获得者知识与教学的生命。真正的研究生学位是独特的。

哲学博士学位神秘之感源于何处？这源于学术自身的再生产能力。用达尔文的话说就是，学术更多地注重再生产和可持续发展能力。获得博士学位、完成博士学位论文不仅仅意味着其本人取得了一项原创的超越前人的研究成果，也意味着其本人成为一名有成果的学者，而其他学者可以站在其"肩膀"上取得更进一步的个人成果。尽管博士生完成的学位论文内容中包含着他人的贡献、创新的依据，如脚注、参考文献、引用、文献目录、致谢、后记等，这些都承载了前辈学者的研究成果，但这也不能否定博士生的成果。参考文献和脚注也呈现了当前同一学科领域或相近领域的研究情况。学术是一项公共的社会性活动，因此，博士生非常认同学术共同体，并将学术共同体作为支持其开展研究的脚手架。学术共同体不仅出现在教师自身的研究项目中，也存在于潜移默化地一直困扰教师们发表出版的研究著述中。这也是为什么我们在本书中提出，没有什么比师生之间形成的学术共同体之于博士生教育更加重要。

我们在卡内基基金会投入五年时间研究博士生教育及其未来发展，是因为我们强烈地感到在每一个博士生教育项目的背景下，学术职业在过去与未来之间架起了桥梁。博士生教育具有稳定性和传承性特点，使学术成为超越代际、文化和背景的人类活动。博士生教育也是创新"发动机"和真理"保卫者"。博士生教育同时具有转化和阻碍的一面，它保留好的一面，也可能有固化效应——阻碍多样性、固化无意义的旧习。最佳的博士生教育鼓励学生质疑、尊重前人研究、启发学生提出新观点并勇往直前，从而达到"传承"和"变革"的平衡点。Thomas Kuhn断言，学者会以现有的研究范式受到评价，更会因打破旧范式引领科学变革和创新思想而受到尊崇。

不同于多数已有的研究，仅仅关注某一领域的博士生教育，我们从整个大学的一般性活动视角关注博士生教育。任何学科领域的学术和教学活动都具有质疑、共同体的特性，并且具体到某一学科或交叉学科领域都沿用这一教学研究方式方法。因此，我们全身心关注跨学科领域以探究通用性的学术创新机制。

关注六大学科领域——化学、教育学、英语、历史学、数学和神经科学需要一个多学科背景的团队的共同努力，这是一项综合性的复杂的劳动投入。因此，撰写此文，既是介绍本书，亦是对参与研究的同事和学者表示感谢，正是因为他们的卓越领导和付出才得以获此研究成果。

George Walker 是研究团队的领头人。他是一名专注于教学和科研的理论物理学家，曾在印第安纳大学担任了多年的研究生院院长和科研副校长。George 是一名充满活力的富有魅力的领导者。说服 George 离开明尼苏达州布卢明顿来到西部可不是件易事，幸运的是，George 是一名旧金山巨人棒球队球迷，这给这件事带来了转机。

Chris Golde 在斯坦福大学以一篇关于博士生教育复杂性的开创性的学位论文研究开启了其学术生涯,此后任教于威斯康星大学。她是卡内基博士生教育促进计划的研究负责人,全力组织了几次研究大会,并在多次召集跨学科领域研究者的会议中扮演了重要角色。

Laura Jones 是一名人类学家和考古学家,加入 CID 研究中并召集开展了几个项目,增加了研究的力量。

Andrea Conklin Bueschel 是一名高等教育研究学者,对高校学术共同体的特殊角色尤为感兴趣,是研究团队的一名关键人物。

Pat Hutchings 是基金会副主任,在撰写这本书的关键环节发挥了很大作用,在他的领导下,我们得以从丰富而宽泛的研究视野中聚焦到本研究视角上,最后形成专著。

本研究大大得益于智慧有力的顾问委员会,顾问委员会主任是 Donald Kennedy,斯坦福大学前校长和《科学》杂志主编。

我十分感谢过去五年来超过 40 家机构的上千名师生参与研究。他们是改革的动力,也是改革的试验者和被试者,倘若这项研究影响并推动了博士生教育的发展,那一定是得益于他们过去和未来的努力。

博士生教育是一种教师教学、学生教育和学者养成的综合活动,博士生教育是一项教师主导、影响学生一生的过程。博士生教育是未来高等教育发展的关键依存。我们希望这本书能够有效推动博士生教育改革,促进学者养成。

Lee S. Shulman

加利福尼亚　斯坦福大学

致　谢

卡内基博士生教育促进计划（Carnegie Initiative on the Doctorate，CID）和这个成果集是许许多多人努力工作、承担责任和乐于奉献的产物。CID 团队特别幸运有机会和一群有才华的同事一同工作并从中受益。Amita Chudgar 和 Kim Rapp 是 CID 的研究助理，他们提供了许多非常重要的观点、分析和反馈。Sonia Gonzalez、Leslie Eustice、Ruby Kerawalla、Tasha Kalista、Emily Stewart 和 Lydia Baldwin 都给予这个项目非常重要的行政支持，不但保证了项目按时完成，还给予项目鼓励和帮助。

卡内基基金会（Carnegie Foundation）是一个高度合作的组织，许多同事都在项目工作中扮演了重要的角色，他们提供支持，提出反馈意见，互相合作并提出建议，为手稿修改提供了非常大的帮助。特别是 Mary Taylor Huber、Gay Clyburn 和 Sherry Hecht 多次阅读了手稿，并为其指明了方向。当然 Lee Shulman 影响了这项工作的整个过程。

我们也非常幸运地拥有许多卡内基基金会之外的同事，他们影响了 CID 的工作和成果集的形成。最初提出每个学科都是"谷物粉碎机"（grist for the mill）的评论家帮助了我们以及所有参与者，驱使和鼓励我们去思考那些在很多方面并非"自然行为"（unnatural acts）的理念和方向。他们的成果在博士生教育未来展望这一部分体现，是本书的一个重要的基础。我们也从许多每天为研究生教育做贡献的人中获得了很多帮助，如研究生院院长、社会科学学科教师、参加我们会议的观察员和基金资助机构。我们也感谢匿名审稿人为我们提供的所有有用的意见。

大西洋慈善基金会（The Atlantic Philanthropies）是卡内基本项研究的主要财务合作伙伴。我们非常感谢基金会对研究生教育数十年的支持，特别是对本研究的支持。

此外，我们的咨询委员会在整个项目过程中提供了许多重要的、有思想的建议。委员会的主席是 Donald Kennedy，他是斯坦福大学原校长、环境科学和政策领域荣誉教授，他也是《科学》杂志的主编。委员会的其他成员是 Bruce Alberts，美国国家科学院前任主席、加利福尼亚大学旧金山分校生物化学和生物物理学教授；David Damrosch，哥伦比亚大学英语与比较文学教授；Michael Feuer，美国国家研究委员会行为科学、社会科学和教育分委会执行主任；Phillip Griffiths，普林斯顿大学数学教授、高等研究院前院长；Dudley Herschbach，哈佛大学化学科学教授；Stanley Katz，普林斯顿大学公共与国际事务教授、艺术和文化政策研究中心主任；Joshua Lederberg，赛克勒基金会学者和洛克菲勒大学名誉教授；Kenneth Prewitt，哥伦比亚大学公共事务教授；Robert Rosenzweig，美国大学协会名誉教授；Henry Rosovsky，哈佛大学 Lewis P. 和 Linda L. Geyser 名誉教授；Lee S. Shulman，卡内基教学促进基金会主席；Debra W. Stewart，研究生院委员会主席。

我们也非常感谢 CID 涉及的六个学科及其专业学会的支持。这六个学科学会通过学术会议、通讯和期刊以及组织会议的方式为我们和校园内的项目参与者提供了共享 CID 工作的诸多机缘。它们是保障 CID 的卓越工作可以从校园开始展开的重要因素之一，现在 CID 工作已经成为这些学科组织日常讨论和工作的一部分。涉及的组织有：

美国化学学会（ACS）

美国教育研究协会（AERA）

美国历史协会（AHA）

美国数学学会（AMS）

英语院系协会（ADE）

神经科学院系和项目协会（ANDP）

研究生院委员会（CGS）

现代语言协会（MLA）

神经科学学会（SfN）

最后，如果没有高校参与者投入了大量的时间、精力和想象力，CID 的任何工作都不可能完成（或者至少不能愉快地完成）。研究生、教师和 CID 各部门的员工本身就是这个项目的组成部分。他们的努力工作就是 CID 成功的原因。事实上，他们的挑战、努力和成功让我们知道什么在博士生教育中是可以实现的。他们的合作精神和敢于冒险的愿望对于研究生教育的许多控诉给出了有价值的回应。他们致力于改善博士生的教育和生活是对他们最大的奖励。对他们来说这个项目本身就是奉献。

作者简介

乔治·E·沃克（George E.Walker）目前是佛罗里达国际大学主管科研的副校长和研究生院院长。2001年至2006年，沃克博士是CID卡内基教学促进基金会资深学者和主任。沃克博士是理论物理学家，他本科就读于卫斯理大学，研究生就读于凯斯西储大学，并在洛斯·阿拉莫斯（Los Alamos）国家实验室和斯坦福大学做博士后。他的大部分学者生涯是在印第安纳大学度过的，他在那里做了多年的主管科研的副校长和研究生院院长。他两次获得物理学研究生评选的"研究生教育杰出贡献奖"，他还被同事选举成为美国物理学会的成员。他在印第安纳大学发起成立了核理论研究中心。他也是劳伦斯·利弗莫尔（Lawrence Livermore）国家实验室物理和先进技术理事会顾问委员会主任和核物理顾问委员会主任。此外，他还是美国国家顾问委员会研究、教学和学习集成中心（CIRTL）的成员。沃克还有很多社会兼职，他是美国大学协会研究生院联合会主席，研究生院委员会理事会主席，美国国家咨询委员会全国学生投入调查专家组成员。他和克里斯·M·戈尔德（Chris M. Golde）合著了《展望未来博士生教育：为学科守护做准备——卡内基博士学位相关论文集》（2006）。

克里斯·M·戈尔德（Chris M. Golde）是斯坦福大学主管研究生教育的副教务长。2001年至2006年，她是CID卡内基教学促进基金会资深学者和科研主管。在加入卡内基之前，她是威斯康星大学麦迪逊分校的教师。她的研究和论文一直关注博士生教育领域，特别关注博士生的经历和博士生的流失。她是皮尤慈善信托基金（The Pew Charitable Trusts）资助的题为《南辕北辙：当今博士生经历所揭示的博士生教育》的 2001 年全国调查报告的第一作者（www.phd-survey.org）。她和乔治·E·沃克合著了《展望未来博士生教育：为学科守护做准备——卡内基博士学位相关论文集》（2006）。她拥有斯坦福大学教育学博士学位。

劳拉·琼斯（Laura Jones）是以应用考古学、公共历史、遗产保护和社区规划和拓展为研究领域的人类学家。她的研究是关注加州和大洋洲。她目前是斯坦福大学遗产服务和大学考古学家（Heritage Services and University Archaeologist）中心主任。她是 2000—2006 年卡内基基金会社区项目的资深学者和主任。除了出版的人类学领域的著作以外，她还即将发表一篇比较自然科学领域和人文社科领域博士生教育实践的文章——《趋同的范式：自然科学和人文社科领域的博士生教育》，该文即将刊登在《博士生教育改革与实践》杂志上。她拥有斯坦福大学人类学博士学位。

安德里亚·康克林·比舍尔（Andrea Conklin Bueschel）是斯宾塞基金会（Spencer Foundation）高级项目官员。她之前是卡内基基金会的学者，在卡内基博士生教育促进计划项目和加强社区学院预科教育项目工作。她致力于 K-12 和高等教育政策的联系和隔离的研究和写作，关注高中到大学的过渡和转化，特别关注家庭中第一个希望接受高等教育的学生的情况。此外，她还是一家教育咨询公司的研究者和总经理，也承担过很多高等教育的行政职务。比舍尔博士拥有斯坦福大学教育学博士学位。

佩特·哈群斯（Pat Hutchings）是卡内基教学促进基金会副主席，参与了大量的项目和研究工作。她写了许多关于教学调查、同伴合作和教学理论等学术文章。她最近发表的文章包括《伦理的探究：教学研究的案例》（2002）和《开放的路线：教学研究的实现路径》（2000）。她最新的著作是与 Mary Taylor Huber 合著的《学习的进步：构建常态化教学》（2005）。她拥有艾奥瓦大学英语博士学位，在 1978—1987 年是阿尔维诺学院英语系主任。

目 录

第一章　推动博士生教育走向未来 …………………………………… 1

第二章　美国博士生教育改革发展历程 ………………………………… 15

第三章　博士生教育的目标
　　　　——"镜子""透镜"和"窗户" ……………………………… 35

第四章　从"经历"走向"专长"
　　　　——学者养成的原则 …………………………………………… 53

第五章　重构学徒制教育模式 …………………………………………… 79

第六章　学术共同体的创建和维护 ……………………………………… 107

第七章　博士生教育改革
　　　　——付诸行动 …………………………………………………… 125

附录一　卡内基博士生教育促进计划简介 ……………………………… 141

附录二　参与院系列表 …………………………………………………… 155

附录三　调查概述 ………………………………………………………… 159

附录四　博士生调查问卷 ………………………………………………… 165

附录五　博士生教师调查问卷 …………………………………………… 179

参考文献 …………………………………………………………………… 189

第一章

推动博士生教育走向未来

> 假如你坐着不动,即使在正确的道路上,也会被撞倒。
>
> ——Will Rogers[1]

在您阅读本书的时候,在美国高等教育机构里有 375 000 名学生正在攻读博士学位。这些学生大多为适龄的成年人,怀揣着家庭的期望。但也有部分非适龄学生为了追求事业而攻读博士学位。博士学位甚至还被一些八旬老人和少年追捧。有的人刚迈入职场就选择了攻读博士学位,还有的人则奋斗了 20 年再重读博士。今年,美国 400 余家教育机构超过 43 000 名博士即将毕业[2]①。

许多获得学术型博士学位的人做好了在人生舞台上担任领袖、担当大任的准备,毕业后直接过上了自己所期望的生活。来自全世界的很多诺贝尔奖得主是在美国大学获得的博士学位;美国近 10 任国务卿中有 4 人拥有学术型博士学位;联邦储备委员会的 6 位现任委员中有 5 位拥有学术型博士学位[3]。世界上其他国家很多领导人也拥有学术型博士学位。博士在救死扶伤的医疗领域、促进社会发展以及全球经济发展和企业创新中做出了巨大贡献。今年全美毕业的博士生中大约有半数将进入高校成为教师,教授本科生课程。而在全世界其他国家,博士们也纷纷成为教师,教育子子孙孙。还有许多人正准备攻读博士学位。可见,博士生教育影响着全世界,影响着一代又一代人。

博士生教育对于一个国家当前与未来的重要作用再怎么高估也不过分。问题

---

① 译者注:不包括第一级专业学位。

是：博士生教育如何保障美国维持自身地位，如很多人观察到的那样"令全世界羡慕"？博士生教育如何应对当前面临的挑战？如何做出相应的改变？

博士生教育面临的一些问题和挑战是长期存在的，众所周知的。当前有大约一半的博士生失去学习耐心——有些学科的人数更多，攻读博士学位通常需要坚持很长时间，博士生们对自己领域的热情往往会逐渐削减[4]，许多博士生没有肩负起自身角色的责任，包括学术以及其他方面，而且在完成学业过程中，博士生常常还会参与一些与学习期望不相干的活动，影响自身学业；在大多数学科里，女性和少数民族学生占比很小。为什么形成这些问题，甚至愈演愈烈？一个重要的原因在于缺乏对研究生教育过程有效性的评估；对于哪些问题需要改进，也很少有人鼓起勇气积极探索。如此，一种自满态度油然而生：我们的博士生教育申请学生如此之多，国家也如此强盛，哪有什么问题？拒绝承认存在问题：我们的博士生教育不存在性别与民族问题，还有持责备态度的：当今学生不愿意像我们曾经那样渴望成功努力拼搏。

此外，一系列复杂的新问题正在出现，而目前这些问题只有一部分被人们所认知和了解。新技术加快了知识发展，改变了知识传播的方式；学者与学术的活动空间逐渐全球化；更重要的是，当今开创性的知识研究往往出现在交叉学科领域，淡化了学科边界，冲击着传统的学科定义；学术研究与公共生活越来越紧密地结合在一起。如高等教育一样，研究生教育正面临着学生结构变化、新的竞争、问责压力加大、公共财政投资削减等问题。简言之，随着对博士生教育期望的逐渐提高，我们必须回答的基本问题是：博士生教育的目标是什么？愿景是什么？质量怎么样？正如在本章开篇 Will Rogers 所言："假如你坐着不动，即使在正确的道路上，也会被撞倒。"

一、卡内基博士生教育促进计划

值得庆幸的是，正如博士生教育的特征一样，博士生教育的使命在于讨论难题、驱动前沿、解决问题。过去几年，我们5人被授权与不同学科领域的教师和博士生一道行动起来，开展这项研究，而非"坐着不动"。卡内基博士生教育促进计划（Carnegie Initiative on the Doctorate，CID）有六大学科领域（化学、教育学、英语、历史学、数学和神经科学，详见附录二）的84个有博士学位授予权的院系的教师与博士生参与。尽管许多参与研究的院系也授予专业博士学位，但这本书的重点，也是卡内基博士生教育促进计划的重点研究对象是学术型博士学位[5]。卡内基博士生教育促进计划注重研究的深度，而且从头至尾是直接与教师和博士生合作研究，因此，本研究专注于限定的学科和交叉学科，不扩展至博士生教育的其他学科。尽管本研究得到了行政管理者，尤其是研究生院院长，甚至是学会的大力的支持和帮助，但该研究原则上主动权掌握在参与研究的院系手中，毕竟本研究聚焦的是研究生教育。

在卡内基博士生教育促进计划实施的五年中，参与项目研究的院系开展了目标与效果监测，并根据研究结果做出相应改革，同时也监测改革的成效。鉴于这项国家性项目的精心设计、国家权威和高度互动，参与者必将从中受益。项目设计内容包括院系调研，访谈学校团队成员，集中项目成员（有时以学科分类，有时以主题分类）讨论项目进展，通过这些方式参与者可以互相学习，我们也能从中了解到可以效仿的其他人的成功经验（参见附录一：卡内基博士生教育促进计划简介）。此外，教师和博士生都参与了项目调研，这十分有利于最大范围地探讨学者的参与程度，不论他们是在工业部门、政府部门还是学术部门（参见附录三：调查概述）。

当然还有很多问题需要探讨。卡内基教学促进基金会是一个以"维护与增强教师职业尊严"为使命的组织，在其赞助下的项目，毫无疑问要以使博士更好地成长为教师、更好地掌握在课堂内外将复杂的理论思想传播给更多的人知识与技能为目标。高等教育在过去几十年中取得了显著发展，包括参加卡内基博士生教育促进计划的很多高等教育机构，能够为研究生助教提供更多的培训机会，包括学校教师发展中心提供的，还有更多的是学院提供的专业培训，而且过去一些学科教学受限的情况正逐渐创新性地得到改变（比如研究生神经科学教育没有相应的本科教学，现在开设了本科教学）。而且，CID还倡导要更加重视教育质量，教学需要更加系统的反馈、从经验性教学转向专业性教学。

上述谈到的是教学，当谈到研究时，我们相信存在同样的问题。具有讽刺意味的是，博士生教育的研究作用这个方面（博士生教育的必要条件）很大程度上被认为是理所当然的，尽管博士生教育已经开展数十年，但对研究生教育研究方面的报告与建议没有受到重视，而我们的观点是"研究教学法"（在不同领域有不同的体现）亟待受到关注。多数研究生教师关切学生怎样提出有价值的问题，怎样在前人研究的基础上更进一步，怎样形成一个有效而可行的研究设计，怎样用学术方式交流研究成果等。但是这些关切更多的是希望、假设而缺乏教学实施。关于人们是如何获取新知识的正深刻影响着教育领域，但似乎并没有给研究生教育带来太大冲击。例如，即使同一个教师在同时教研究生与本科生，对本科生教育开展的一系列促进学生研究的策略方法并没有受到研究生教育的重视。因此，博士研究生在迈向专业研究的漫长道路上需要完成的任务以及"师徒式"师生交流关系等等，这些方式方法代代相传、亘古不变。但是博士生教育中很多长期存在的制度和范式对一部分学生来说很有效果，但对另一部分学生来说并不奏效。

更加令人担忧的是，CID 参与者告诉我们，博士生教育培养学生的标准依据往往"迷失在历史中"：博士生可能不理解为什么有某些要求、为什么要达到某些目的（标准），进一步看，教师也认为，博士生培养缺乏统一的标准。卡内基博士生教育促进计划进行的院系评议也揭露出来类似的问题：对博士生的期望（标准）要求不一致或不明确，博士生获得重要机会的可能性不均等，博士生教育中博士生互相之间缺乏交流，对博士生进步和取得成就的方式缺乏重视。更需要警醒的是，对于受资助的研究项目来说，被赋予的压力常常不利于挑战、创新、合作，而这些恰恰是当今世界前沿学术研究所必需的特质。更糟糕的是，博士生可能沦为导师当前项目和服务个人发展的廉价劳动力。

博士生和教师都处在这样"水深火热"的环境之中。终身教职教师似乎是一生都要与学术打交道的，但许多老师也为强度越来越大、竞争越来越激烈的奖教金、科研基金、教学任务、学术参与和家庭生活而困扰，博士生同样为贷款压力、作为实验技术员和低收入助教而烦恼，对导师布置的过量的工作不满。许多博士生在研究初始时的热情被逐渐地侵蚀了，教师和博士生对这种学术激情的丧失都滋生抱怨。简言之，人的才能和精力都浪费在一些难以理解的活动中，很难让人不感到沮丧和失望。博士生教育中哪些工作奏效、哪些收不到实效，亟待认真思考。

接下来的章节中我们将对这些问题进行深入的探讨，并且探讨博士生教育面临的其他一些挑战与问题，以及进入21世纪博士生教育还需要通过哪些途径满足需求。同时我们也要提出并探讨许多具有创造性的解决问题的方法，利用已经掌握的方法通过我们的工作来观察学习，可以明确的是没有一个单一的方法或模式适用于多变的研究生教育，某种方法在一个领域或一个学校可能有效，但在其他的领域或学校就不奏效。我们认为，在所有方面都奏效的方法恰恰是当前多数博士项目中极度缺失的，那就是使教师和博士生成为学者的培养过程、工具和时机。

二、"镜子，镜子"——一个案例

在哥伦比亚大学英语学院师生的努力下，本研究的研究过程和成效在该院系中勾勒出来了，显现出了许多立竿见影的效果，而且带来了对知识共同体的全新认识，未来的发展和进步初步显现。

哥伦比亚大学的英语与比较文学系一直被认为是该领域最早的专业院系，排在全美前十名，多年来涌现了一批知名教授。该系每年大约招收18名博士生，这些博士生在五年学习中全部都能得到经费支持。除了传统的文学研究，研究生还可以通过比较文学和社会研究中心、女性与性别研究所的平台，满足跨学科研究的兴趣。该院系的录取竞争很激烈，大约只有5%的录取率，并且生师比仅为5∶1。

Jonathan Arac 在20世纪80年代曾是该系的一名教师，2001年8月，Arac 辞去匹兹堡大学的职位，受邀返回哥伦比亚大学英语与比较文学系担任主任，该系早在十年前进行了一场彻底的研究生教育改革，就在那个时候，Arac 与同事们抓住机会，参加了 CID，尽管博士生教育正常运行，但 Arac 认为有一系列所谓的"重点问题"（stress points）出现，其中包括对给予研究生更多的学习文学的时间和机会的强烈诉求。20世纪八九十年代，许多人文学院掀起了"文化战争"，造成了重大损失，被当时《纽约时报》称为"知识阵地战"（intellectual trench warfare）（Arenson，2002，第1页）。至此，强化博士生教育的呼声越来越高，博士生教育的发展迎来了机会，Arac 回忆称"因为我们共同工作的实质性问题走到一起"（作者对 Arac 的访谈，2006年8月30日）。

作为卡内基计划的参与者，该院系求助于指导与评估常务委员会。常务委员会由时任研究生研究中心主任 David Damrosch 以及几名教师和研究生组成，委员会在院系其他成员和 Arac 共同磋商的机制下运行。委员会创设并主持了一项学生调查研究,验证其他同行的研究,并最终发布一项报告,报告详细阐明了 54 条改革建议,Damrosch 将其称为"重要的评议和大量研究生教育改革诉求"(Damrosch 给作者的电子邮件,2004 年 3 月 11 日)。

尽管一些建议和随后的改革只是微小的调整,但其他人要求更实质性的改革。重新设计的口语考试能够为学生提供一个"更加有效的、清晰的学习结构,这样学生和老师更清楚自己应着重学什么、教什么"(英语与比较文学系,2004,第 4 部分 A)。学位论文委员会的角色责任也被重新设计了。为了回应"在项目的每个阶段实施改革"的建议,一系列值得期待的强有力的改革正在落实,尤其是针对改善研究生学习时间的改革(Damrosch,2006,第 43 页),并且为了回应关于教学的"重点问题",针对研究生开设文学导学课程逐渐变为现实。

一般而言,研究生自学的特点使得师生之间更易于形成共治和交流。"对于选择我们这个专业的学生来说,我们通过商议交流能够实现更好的教育效果,因为我们在专业兴趣和学生需求之间寻求更好的对接。"(英语与比较文学系,2004,第 3 部分 J)本着这种精神,该系发起了系列研讨会,邀请师生探讨文学研究领域已有的理论。新的改革框架创设了一个生动的交流区,在这个交流区,有经验的教师示范这个领域里传统的学术术语,而充满活力的年轻教师和研究生则能够将研究推向新前沿。

据 Arac 所言,与 CID 一起工作中"真正值得记忆的,在学院发展成果中写下浓墨重彩的一笔的"是"重塑"(live remolding)的过程,通过这个过程,经过整个学院数周的四场 90 分钟时长的会议,最终达成一致意见并得到检验。"值得一提的是,在 20 世纪 90 年代参与情况'不好'的时候,没有一个人愿意来开会",Arac 强调,"事实上是,很多人最终来参会,并且相互间的讨论很有效果,这很令人惊奇和振奋"。

哥伦比亚大学的经验值得关注,不是因为具体的改革变化(尽管也是可圈可点),而在于其改革过程所阐释的勇往直前的精神。的确如此,此次行动带来的与其说是具体的革新和实践,而不如说是体现了质询、收集信息、为未来发展提供参考的重要性,在哥伦比亚大学学院质询教育目的、学生获得、教学有效性以及为完善教育所做的一切的过程中，哥伦比亚大学的努力获得了重要信息，收到了重要效果。

三、学者的养成

获得博士学位是迈向多种发展方向的一条路径，那些拥有博士学位的毕业生有多种职业发展路径。其中一部分在学术生涯中探索，这部分人有的是在研究型大学中培养研究生，也有的是在教学型大学中工作，重点培养本科生。而另一部分人（一些专业中的大部分人）供职于商业企业、政府部门或是非营利性组织。我们认为这些人都是学者，学者不是仅限于职业的划分，而在于自己内心对知识学问的追求和尊崇。因此，供职于美国政府部门的中东政治专家或是供职于大学的教师均可谓学者，一名物理学家可能在大学或是联邦实验室从事研究工作，甚至是其他职业，均可谓学者。无论是哪个行业或职业，博士、学者的专业特性就是学习研究专门甚至是高深的知识。这些人都肩负着学术和道德的双重责任。

在这种意义下，博士生教育是一个"养成"学者的复杂过程（养成：我们借鉴于卡内基对于专业培养的研究，尤其是对神职人员的研究）[6]。博士生教育肩负专业知识和语言的传授的职责（学习如何拼接基因或分析俄罗斯人口普查报告等都需要具备丰富的专业知识和技能），而"养成"不但指出了专业知识的发展，而且体现了"个性、特点、心智"的成长以及"最大程度上具备了在专业学术领域和社会上的能力"（Elkana，2006，第66、80页），总之，博士生教育使学者形成了多维度的专业个性。

"养成"的概念也体现了对学习者这一关键角色的关注，显然，在研究生教育过程中教师有很多知识要传授给学生，传播是教育的基本特点。但是学者专业特性的发展根本上是一个学生自我塑造和成长的过程。CID 获得了一些令人振奋的研究发现，学生越是积极参与各项活动，就会对自身的成长与发展越有责任心，这项发现可以从多个方面体现出来，例如记录其成长的专业档案、身边的指导教师的评价、参与科研教学的综合情况、学院对自身博士生教育的结构和效率的评议等——参与 CID 项目的研究生的确体现出了"养成"。读者在这项研究中能够体会到，"养成"这个学术概念重塑了博士生教育的理念。

基于"养成"理念,不可回避地要谈到几个主题。第一个是**学术融合**（scholarly integration）。众所周知,卡内基基金会一直坚持呼吁学术工作的综合性概念。1990年,时任基金会主任 Ernest Boyer 的报告《重思学术：教师为先》,提出了一系列改革措施,旨在创设一个开放的、宽广的学术理念,学术不仅要覆盖基础研究,也要覆盖融合和应用研究,也要关注教学。当然,教学与研究相结合的理念是个老话题了,已经被谈论了很多年。尽管如此,这个理念还是对高等教育实践产生了深远影响。正如文学学者 Gerald Graff 对自己的教学评价所讲的故事那样,"一名教授'视察'我的课堂时,要求我需要做的是当一名助教（只有当我成为一名终身教授时,才会假设我不再需要做什么）,另外一名资历较深的同事给我的建议则是我需要把教室门关紧一些,讲话声大一点……教学的问题并不看作学术上的有价值的事,或者说学术作品或是研究思想史才是有趣的、有价值的"（Graff,2006,第 375–376 页）。

但是,教学和研究被区别对待、被不公平对待的局面正在改变,许多高校纷纷出台相关政策,在评选终身教授和职称晋升时要更多地考量教师的教学情况,并且建立评价框架和同行评议,对教师教学方面的学术性进行评价[7]。

这种融合意境下的学术理念在博士生教育中推广开来。例如,美国国家科学基金会资助下的威斯康星大学麦迪逊分校研究教学学习融合中心（CIRTL）集聚了一些科学、技术、工程和数学（STEM）领域的研究生、博士后和教师,孜孜倡导"像研究一样地教学：这些学科的教师采用研究方法,精心地、系统地、反思性地运用到教学实践中,并促进了学生的学习和教师自身发展"（CIRTL,出版日期未注明）。正如 CIRTL 计划所建议的那样,基于研究的视角看待教学以及基于教学的视角看待研究都有很大实效（正所谓许多人呼吁的"学术",正如我们在 CID 中提出并关注的"研究教学法"）,借用 CID 计划中用到的一句话就是"孤立的学问可能成为无创造性的学问",并且需要做的是不断深化融合和联结的形式。基于这种理念,博士生教育促进融合化的学术形成的特点会被凸显[8]。

第二个要谈的主题是**学术共同体**（intellectual community）。对于获得博士学位而言,博士生教育的过程很是像到达一个个里程碑,比如选课上课、综合考试、通过开题、研究写作学位论文和最后的口头答辩（列出一些博士生教育共同的任务）。如果做得好，博士生在到达这一个个里程碑时往往发展了自身的专业水平和技能，逐渐形成自己将来要从事的领域的学术品格。现在许多博士生教育项目正在让这些要素更加凸显，使教育更好地达到这些效果。但在我们和学院参与 CID 计划中，一个不可回避凸显的课题显现出来，那就是承载这些教育元素存在的文化的重要性。历史学专家 Thomas Bender 在给 CID 的一篇论文中谈道：

我们需要更多地关注学院文化，为师生营造一个安全的文化环境，让学术和教学讨论成为学院公共文化的一部分，为所有成员营造一个没有过多委屈的共治、开放、公正的环境。也许会有人说前面提到的这些跟博士生教育课程没有什么关系，但实际上我认为这些隐性的课程对于研究生的专业发展具有重要意义（Bender，2006，第 304-305 页）。

在某种意义上，学术共同体文化不是无足轻重的事，而是隐性课程文化，为达到学术目标创设了重要条件，对学术开展、创造、创新提供了可能性。在本研究中，我们坚信：学术日常的特点是师生合作、对他人的研究保持尊重和感兴趣的态度、通过思想交流创生和传播新知识。

聚焦学术共同体勾勒出研究生教育的一个基本道理就是学习。学习是师生的中心任务、核心任务，并且所谈到的学习具有其特性，学习常常是打破新规则，学习新知识。20 世纪，研究与教学的关系、研究对教学的挤占一直是高等教育领域探讨的重要话题。（参见 1999 年 Cuban 的案例）。学术共同体中的所有成员都可以作用于学习，学习和学术共同体必须结合在一起，尤其是在博士生教育中二者功能发挥得更加融合有效，当然，这也是更好地、更有效地养成学者的条件。

本研究中第三个要谈到的主题是**"学科守护"**（stewardship）。这个词源于古英语，steward 一词最初是指家庭管家或者餐桌服务员（Stimpson，2006，第 404 页），这个词还有一定的宗教色彩。《牛津英语词典》里对 stewardship 的解释为"管理资源，尤其是钱、时间和人力"。有一个类似的关于才能的比喻是，有个主人交予三个仆人每人一些钱币，其中两个仆人用于交易增其财产，另一个仆人由于害怕主人将钱币藏起来却遭到惩罚。意思是说要善于投资、冒险，无论是钱财还是才能要用于工作，而不是仅仅存起来。学科或跨学科的责任人要思考学科的目标和应用，达到启智和实效。

当前学术界，用 steward 一词来指可持续的管理，能够让一代代后来者享用资源。这里主要指人类与环境和谐相处，用保护的眼光看未来。"学科守护人"要考虑学科的健康持续发展以及怎样取其精华以飨后续学者。"学科守护人"还要考虑如何培养继承者和创新者，最重要的是要考虑培养和传承下一代"学科守护人"。

在卡内基博士生教育促进计划中，我们认为，学科责任涵盖一系列知识和技能，也包含一系列原则，前者体现专业性，后者体现道德性。一个真正的学者应该具备创生和批判性地评价知识的能力，具备保存传承过去和当下学术的重要思想和发现的能力，具备了解知识如何改变我们生活的能力，具备与其他学者交流学术知识的能力[9]。

学术型学位揭示了博士学位的核心特点。获得博士学位者意味着能够提出有价值的研究问题，针对这些问题制定适切的调查研究策略，并能很好地实施调查研究，科学地分析、评价调查结果，并与其他学者开展交流，最终促进学术发展。保存传承意味着了解学科历史和基本理论，但作为"学科守护人"也知道站在哪些前人的肩膀上，哪些理论值得传承，哪些学术价值经得住考验；保存传承也意味着了解学术领域知识怎样变革和拓展。转变显示了学术呈现和有效交流的重要性，并且该词在广义上还包含教学——不仅体现传递信息，还体现了转变知识的动态过程，以便新的学习者能够有意义地参与进来，这样的转变要求学科责任人了解其他的学科，了解不同学科的不同思想，并且了解如何跨越学科传统边界开展学术交流。另外，转变还意味着对知识的负责任的应用。

引用 steward 一词，是因为一名成长起来的学者的确是一名优秀的"学科守护人"，我们坚信，博士生教育的目的不仅仅是个体的认识和行为。一名学者是所在学科甚至更宽领域的责任人、守护人。"学科守护人"可能并非在所有学术圈受到认可，但该概念兼具道德性和专业性、学术性，提供了一个关于博士生教育目标的问题框架，而其他的概念难以言表其深意。

四、本书概览

本书第一章集中介绍学者养成、融合、学术共同体和"学科守护人"的理念，这些理念将贯穿全书。第二章更加宏观地介绍已经发展了多年的美国博士生教育的概况。翻开历史，博士生教育的社会、政治和经济背景发生了重大变化，博士生教育也发生了很大变化。同时，长期存在的传统观念也在一定程度上阻碍了博士生教育的改革发展。CID 提出了一系列改革策略，例如提出要重视从学科目标和发展着手改革。的确，正如许多观察者指出的，当今学科正经历着巨大变革，学科因此成为 21 世纪重塑博士生教育的重要方面。

第三章关注如何积极回应和解决博士生教育中的一些问题，如"做什么""为什么""取得什么实效"等，当然在缺乏工具和手段的前提下，这是一项艰难的工作。CID 的一项中心使命就是提供研究框架以探究博士生教育——如"学科守护人"和学者养成的观点和思想。在此过程中我们也遭遇了不少障碍——因为让大家都认同这样的观点是很难的。但是我们的观点在很多学科中也得到了认同和遵从，被 CID 参与者称为"PART"（目标、评价、反馈、明确）的原则在一些学科领域中得以贯彻。

第四章带领读者了解具体实践的背景、博士生教育的要素以及如何让博士生教育更有成效。尽管这章未涉及操作层面，但提及的渐进式发展、综合学习和合作学习等原则已经具备清晰的实践意味，包括提出的研究教学法、教学专业发展、学位论文、领导力发展等，我们相信适用于许多学科领域。的确如此，CID 很重要的价值之一就是促进了不同学科和学校之间思想交流。

第五章聚焦博士生教育"标志性教学法"（signature pedagogy）和学徒制模式（apprenticeship）。教师作为"师傅"和博士生"学徒"二者密切关系根植于中世纪行会文化，也存在于早期大学。学徒制这种核心关系不仅体现为研究生的教与学的过程中，也体现在课程、研讨会和独立的研究等方面，但学徒制是最为核心的关系，问题在于 21 世纪学徒制是否对学者的养成具有最重要的作用，我们的回答是否定的，很多学科领域的学生受益于另外一种教育形式——学术共同体，学术共同体极大地促进了教师和博士生的共同学习和进步，当然学徒制与学术共同体二者相得益彰、相互促进。在我们的研究中，有很多例子体现了学术共同体的作用，这个概念也体现了 CID 的中心思想。

第六章关注学术共同体这个主题，我们认为学术共同体既促进了教育的改革和发展，同时也是教育发展的产物。学术共同体既不是遥不可及的概念，也不是信手拈来之物。(有谁会反对这样一个更加人性化、更有活力、更加开放的学术共同体呢？)的确如此，很多博士生认为自身所在的学科领域文化不尽如人意，特别是对于那些其他种族学生、女性学生、留学生、非全日制学生等尤为明显。学术共同体恰恰就为所有的学生创造了一个平等的成才平台，可以让所有的学生都成为"学科守护人"、学术公民、社会贡献者。方兴未艾的学术共同体不仅仅让学者个体受益，而且通过学术争鸣和创新促进了学术新知识的发展。学术共同体不仅提供了一个良好的学术环境，而且是一个有力的知识生产引擎。

第七章返回到需要迫切行动的改革方面，我们坚信，需要做的不仅是揭示问题，更重要的是付诸行动。我们抛出挑战，需要博士生、教师、大学管理者以及外部相关者共同努力，推动博士生教育迈向21世纪。同时本章也为进一步的研究列出了时间表。

纵观整本书，我们开始介绍了我们与84个院系的共同研究行动（参见附录二中院系名单），因为我们非常了解他们，并与他们一起记录了他们的改革努力，因此，他们的努力对其他院系都是有参考价值的。(例如学院的电子案例以及本书中涉及的其他案例都可以参看 CID Gallery 网站 http://gallery.carnegiefoundation.org/cid。)

当然，CID 参与者仅是世界博士生教育的一部分，还有很多组织也开展了广泛而重要的行动，研究生院委员会（The Council of Graduate Schools）长期致力于解决教育中的新挑战、交流新思想（参见 The Council of Graduate Schools 2004，2007），美国大学协会最近发布了几项关于博士生教育的重要报告（the Association of American Universities，1998a，1998b，2005，Mathae 和 Birzer，2004）。

在一些学科学会，也有一些新的人力物力投入博士生教育研究中，例如美国历史协会发布了2004年研究生教育的报告（Bender，Katz，Palmer 以及美国历史学学会研究生教育委员会）。美国国家科学基金会（National Science Foundation）也是一支重要力量，开展了促进研究生跨学科教育的行动，促进研究生与中小学（K–12）阶段师生增加联系的行动，促进研究生数学教育文化转变的行动等[10]。

世界其他国家也在开展相关的研究与行动，我们有幸参加了欧洲国家大学的座谈会，访问并了解了中国研究型大学的相关计划。例如在中国发起了专项基金，资助7 000名学者（包括博士研究生）赴海外80个国家高级访学。

我们的报告和建议汲取这些广泛的研究成果，当然，前人的研究我们也在借鉴，在此基础上我们开展了研究——包括博士生（部分刚成为研究生，还有更早之前的研究生）、不同学科的博士生教师、专业研究领域的活跃学者，还有长期被一些教育问题困扰的研究生院院长等。

我们希望这本书成为那些处在博士生教育改革风口浪尖的人员的一项资源和"工具手册"（借用 CID 咨询委员会成员、哈佛大学艺术与科学教师发展中心前主任 Henry Rosovky 的一个词）。该书不是一项教育研究报告，而是激励学者群体思考的一本工具书，特别是帮助那些即将成为学者的博士生。我们希望书中提到的观点和思想能在博士生教育相关利益者中激起讨论并付诸实践。

注：

[1] 根据俄克拉荷马州克雷尔摩威尔·罗杰斯纪念馆副馆长 Steve Gragert 讲，尽管该名言没有确切来源依据，但一般认为出自威尔·罗杰斯。

[2] 375 000 是估计的入学博士生数，美国国家高等教育学生资助研究（The National Postsecondary Student Aid Study）数据稍高一点为 390 000，占 280 万入学研究生的 14%（Choy Cataldi and Griffith, 2006）。研究生教育咨询委员会（The Council of Graduate Schools）的调查报告数据为 340 000（基于 150 万名研究生的调查），这个数据稍低一点，可能是因为并非所有的学位授予机构都参与了调查（参考 D.Denecke 给作者的邮件，2006 年 6 月 5 日）。由于研究较早，一些博士研究生被统计为硕士研究生，因此博士研究生的数量会更复杂些。

每年的博士学位授予数来源于博士学位授予调查报告。2005 年这个数字是 43 354 并不断攀升（Hoffer 等，2006）。根据卡内基机构分类的最新调查报告，各类博士生教育机构数量为 413（卡内基教学促进基金会，2006），而根据最近的博士学位授予调查报告《美国大学博士学位授予报告 2005》，这一数据为 416（Hoffer 等，2006）。

[3] 最近的 10 名美国国务卿中，取得博士学位的为：Condoleezza Rice（丹佛大学），Madeline Albright（哥伦比亚大学），Gcogc Schuz（麻省理工学院），Henry Kissinger（哈佛大学）。联邦储备委员会中取得博士学位的 5 位委员为：Ben S.Bernanke, Chairman（麻省理工学院），Donald L.Kohn（密歇根大学），Susan Schmidt Bies（西北大学），Randall S.Kroszner（哈佛大学）和 Fredrick Mishkin（麻省理工学院）。

[4] 不同学科领域的预测数据有所差别。有人估计，失去学习耐心的学生比例为 40%～50%（Golde 2005, Lovitts 2001），不同学科这个比例浮动在 20%～70%。根据博士学位授予调查报告，2005 年博士研究生获得学位平均为 8.7 年，而化学学科为 5.7 年，历史学科为 9.7 年，教育学科为 13.2 年（Hoffer 等，2006，表 A-3）。

[5] 教育领域长期以来一直在区分学术型博士学位和专业型博士学位，而我们努力区分并同时推崇二者（参见 Shulman, Golde, Bueschel, Garabedian, 2006），当前学位发展趋势也在多元化，如"临床博士学位（clinical doctorates）""专业博士学位（professional doctorates）"

"实践博士学位（practice doctorates）"等等，而 CID 以及本书我们主要关注学术型博士学位（PhD）。

[6] 卡内基教学促进基金会在研究专业教育方面的历史源远流长，最早始于 1910 年 Flexner 医学报告和 20 世纪 30 年代法学教育研究，这种传统延续至现今的法学、工程、护理、医学和教师教育比较研究。"养成"概念最初源于神职人员的养成研究，正如作者写道："专业教育的一个主要区别是重视学生品格、习惯、知识和技能的养成，这些形成了在专业方面的独特性、实践性、责任和忠实性。'养成'的教学方法被神职人员教育者使用主要指向其深刻的专业服务性。"（Foster，Dahill，Goleman 和 Tolentino，2006，第 100 页）

[7] 在《教师为先》（Faculty Priorities Reconsidered）（2005）一书中，Kerry Ann O'Meara 和 Eugene Rice 做了一项学校调查研究显示，35%的学术负责人认为现今教学的地位比十年前好多了，对于那些希望在学术中重视教学的人来说，无疑是一个好消息。但值得注意的是，调查也发现，51%的学校比十年前更加重视研究了（O'Meara 和 Rice，2005，第 320 页）。显然，在各方面的投入都更大了，因此，CID 及其他的卡内基基金会支持项目非常重视学术工作，而且教学、研究和服务被视为学术的统一体而不是割裂的三个方面。

[8] "学术的教学和学习特性"无须再一味特别强调，十年来其已成为高等教育的重要部分，已成为许多国家计划的关注焦点、诸多高校教育活动的重要内容、很多学科和研讨会的主题、众多期刊的新"动能"、一系列出版物的主题。在《促进学习：构建教学共性》（The Advancement of Learning: Building the Teaching Commons）一文中，Mary Taylor Huber 和 Pat Hutchings 认为"学术的教学和学习特性应该成为每一名教授最基本的但最重要的本领"。这意味着教学活动应该被视为围绕学生开展质疑、提问和回答问题的过程，这个过程也促进了教师专业发展和教学质量的提升（Huber 和 Hutchings，2005，第 1 页）。

[9] 这种构想可能会呼唤"20 世纪研究型大学"成为"传播知识、创造知识、应用知识的乐园"。

[10] 研究生教育与研究培养融合项目（Integrative Graduate Education and Research Traineeship，IGERT）于 1997 年发起，创建了跨越学科边界的研究生教育与研究相融合的新模型。在中小学教学研究项目中，通过资助科学、技术、工程和数学（STEM）学科领域的研究生，鼓励他们与中小学（K–12）教师一道工作。这些子研究项目均横跨几个理事会，具有全国性。数学科学分项目（Division of Mathematical Sciences）自 1998 年至 2002 年发起了促进数学科学研究与教育相融合的研究（Vertical Integration of Research and Education in the Mathematical Sciences），致力于促进研究者、学者共同体的形成，并且所有成员在共同体中形成互动关系（国家科学基金会，1997，第 1 页）。在 VIGRE 多年的资助下，数学学院开展研究生培养、本科生研究和博士后教育的"纵向融合"。

第二章

美国博士生教育改革发展历程

美国研究生教育的独特性在于其没有唯一的掌管者。

——Kenneth Prewitt[1]

相对于欧洲而言，美国博士生教育属于后起之秀，在国际上却可谓声名鹊起。美国历史上第一个博士学位授予于 1861 年，截至 1900 年，美国博士学位授予数累计达到了 3 500 个。20 世纪初，美国每年大约授予 500 个哲学博士学位；到了 1960 年，这一数字超过了 10 000 个。而 21 世纪初，美国每年授予博士学位的数量超过了 40 000 个；整个 20 世纪美国授予的博士学位数量累计达到了 136 万之多[2]。博士生教育事业规模的扩张也伴随着博士生教育其他相关方面数量的增长（见表 2.1），美国博士学位授予院校从 1920 年的 44 所大幅增长到了目前的 400 余所；同时也促进了一些新兴研究领域的产生，其多数出现在近几十年。在这一过程中，博士生群体也发生了巨变，在各个方面都趋向多元化，如博士生的国籍背景越来越多元化。随着这些年美国博士生教育的发展，情况发生了反转，之前是美国学生去欧洲攻读博士学位，如今是全世界各地的学生来美留学攻读博士学位。

这一不断扩大、持续创新和多元化的传奇历程并非由一人造就。正如本章题记中所言，"没有唯一的掌管者"。几乎以任何标准来看，这都是一个成功的故事，一个典型的美国模式，一个从早期借鉴并超越欧洲模式到构建适合这个年轻国度发展需求的新的制度模式的历程。如今，美国的研究生教育模式已经享誉全球。

表 2.1　美国博士生教育规模增长情况[3]

年份	博士学位授予数量/个	博士学位授予院校数量/个	每千名本科生中获得博士学位人数/人
1900	382	25	9.1
1920	562	44	12.6
1940	3 277	90	17.6
1960	9 733	165	25.0
1980	31 020	320	35.1
2000	41 368	406	36.2

但是，成就背后亦有其存在问题的一面。在过去的五十年里，美国大学的声誉不断提高，这种成功的历程已经演变成为根深蒂固的传统，如"水之于鱼"一样被认为是理所当然，业界人士也难以厘清这些传统存在的问题，它们是无形的，已经被视为理所当然，就很少受到质疑。就博士生教育显性表象而言，比如博士资格考试或综合考试、学位论文、各学科或跨学科领域博士生教育要求等；就博士生教育隐性问题来说，比如专业化在跨领域学者养成中的价值、教学和科研的分离甚至对立、教师固化的习惯与学术共同体不相适应、促进学者养成的师生交流模式（传统的学徒制）等，以上问题都值得思考。回顾过去，反思现实，探索研究生教育规律和发展的关键原则，对于创造性地设计研究生教育未来、助推研究生教育发展是大有裨益的。

一、美国博士生教育发展历程

相较于本科生教育，研究生教育的历史并未得到学者过多的关注，但大多认同研究生教育源于德国。19 世纪，那些想接受更高级教育的美国大学毕业生需要远赴欧洲，且多数选择去德国继续深造。据估计，在 19 世纪，大约 10 000 名美国人在德国获得学位（Berelson，1960，第 11 页）。因此，当研究生教育在美国生根时（当时也有过失败尝试），德国模式的盛行并不出人意料。德国模式有两个显著特征：重视科学探究和倡导教师做科研。美国的第一批博士（三名博士）于 1861 年由耶鲁大学授予博士学位。但直到 1876 年约翰·霍普金斯大学建立，美国模式才真正开始显露头角。约翰·霍普金斯大学首创了艺术和科学领域以研究为导向的博士学位以及资助博士生的奖学金制度（Rudolph，1962）。

之后的一百二十五年间，美国博士生教育走向卓越，堪称传奇。对此，我们在此难以给予客观的评价。但是，了解美国研究生教育的发展历程能够让我们理解现状，能够知道如何促进更进一步的发展。这是一个充满矛盾的历程，一方面，增长和创新是美国博士生教育明显的标志，事实上，这也是其他国家竭力效仿的对象；另一方面，随着大学和学院的成熟，形成了传统的、固化的行政结构。在提及博士生教育变革的相关理论之前，我们将简要讲述美国博士生教育的历史，其生长和变革经历了五个阶段。读者将看到关于博士生教育目标这一问题的喋喋不休的争论，这一主题我们将在第三章专门讨论。

（一）阶段一：创立

当前的美国博士生教育模式起源于19世纪80年代到20世纪30年代。起初，博士生教育是多元的、分散的，是本科生院（源自英国）和研究生院（源自德国）的"嫁接合成物"，同一个学院教授两类学生，因为创建国立大学尚未落地实现，因而这种模式在越来越多的大学校园中盛行（Storr，1973）。尤其是在这一阶段，在诸如学费、教师基金以及资助学生的许多助教津贴等财政方面，研究生院很大程度上依赖本科生院（Geiger，1986，第219页；Katz和Hartnett，1976，第9页）。

在研究生院院长的领导下，各大学的"研究生教师"（即大学教授）拟定博士生学习的基本要求，但这名院长没有财政预算权和人事任命权（Berelson，1960，第10–11页）。在获得学士学位之后，有潜力的学生会申请攻读研究生，然后进入一个致力于学术研究的共同体。这些学生参加研讨会（一种业已成型的研究生教育形式）以及许多非正式的、个性化的教学安排。学生需要通过两门外语考试（一般是法语和德语）和一门综合考试（很多学生考不过），并提交一篇书面论文以获得教师委员会的通过，从而完成学业，获得学位。获得博士学位之后，博士生开启其学术职业生涯。早期，博士生一般花费大约两年的时间攻读博士学位（哈佛大学，出版日期未知；Mayhew和Ford，1974，第5–6页；Rudolph，1962，第13章和第16章）。以上程序演化为如今的学术职业入行模式，它可以保证博士生得到教师的培养，然后自身成为教师，并致力于培养下一代（Thelin，2004）。

在 20 世纪初期的几十年间，按照兴趣领域、学术系科和组织体系分类的学科在大学中逐渐确立，尤其是在前沿领域和应用科学领域的研究领域激增。截至 1905 年，全国设立了 15 家学会和大量的学术期刊。在学科细分的背景下，学者从博学之人（能够在自己感兴趣的多个领域内随意切换、游刃有余）变成了专家学者，同时，学科事宜（包括课程设置和聘任教师）的权威从校长转向了系科（Geiger，1986，第 16–40 页；Rudolph，1962；Storr，1973，第 50 页）。

即使是在最初博士生教育爆发性增长和创立的过程中，美国对教育质量的担忧从未停止过。1900 年 2 月，14 所大学的校长会聚一起，发起成立了美国大学协会（Association of American University），以"探讨研究生学习等共同事宜"（Speicher，出版日期未知），尤其是致力于解决质量和声誉问题。历史学家 Roger Geiger 曾经说："美国大学协会的创立是美国顶尖大学独立、与欧洲大学平等的宣言，亦是在'谁更廉价'的国内外竞争中确保其产品价值的一次尝试。"（1986，第 19 页）

在博士生教育创立期间，有关它的发展目标之所在的问题一直备受关注。一方面，大学教师常常抵制其扩张，害怕研究生学习分散其注意力、挤占资源。针对建立研究生院系的批评与质疑，哈佛大学时任校长 Charles Eliot 回应道：这将使大学变得更加强力。只要教师的主要职责是教学，教授在追求其所教授的学科上就永远不会超过某一临界点。当面对的是研究生时，教师将发现学科的未知性，并持续不断地进行探索，对于最好的教学而言，这是必要的（哈佛大学，出版日期未知）。另一方面，在大学中，教师教学和研究的适度平衡几乎也同一时间显现。在 1906 年的美国大学协会的会议中，其中一场专题会议专门讨论"大学的研究者应该在多大程度上减少教学任务"这个问题（美国大学协会，1906）。

20 世纪二三十年代，博士生教育从萌芽期开始逐渐发展壮大。在这一阶段末期，全国拥有近 100 个拥有博士学位授予资格的机构，美国大学协会的成员也扩展到了 31 个，其中包括 2 所加拿大的大学。发展至此，博士生教育已经成为高等教育领域公认的组成部分，并且即将迎来"二战"后空前的、出人意料的爆发性增长。

（二）阶段二：扩张和资助研究

20世纪40年代至60年代是美国高等教育迅猛增长的时期，被称为高等教育的"黄金时代"。"二战"之后，《1944年军人再调整法》（亦称为《退伍军人权利法》）的颁布促使本科生教育向中产阶级和工人阶级打开大门。州政府、联邦政府和基金会一起致力于扩大第三级教育的规模。随后，第一批婴儿潮时期出生的人在20世纪60年代涌入高校，现存的高等教育机构必须继续扩大其招生人数，新设立的高校以每周一所的速度涌现，这一现象贯穿了整个60年代。

虽说博士生教育增长速度更快（见表2.1），但是仍无法匹敌本科生教育规模的扩张。联邦政府的资助为博士生教育的发展奠定了基础。曼哈顿计划和Vannevar Bush的《科学：没有止境的前沿》（1945）宣告了联邦政府资助大学研究时代的到来。美国国家科学基金会和国家卫生组织等一批国家组织成立，致力于资助大学教师开展科学研究，支持研究生学习。联邦政府也投入资金用以完善大学的基础设施，如建筑和设备，同时也通过在"二线"高校培育哲学博士培养能力来推进科学与教育的大众化（美国研究生教育委员会，1975b；Thelin，2004，第七章）。

1957年《国防教育法》的颁布促使大量资金流入高校，这一趋势延续了整个60年代。联邦政府提供的研究生和实习生津贴不断增加。1960年，政府提供的研究生奖学金覆盖人数达5 500人次，总金额达到了2 400万美元；到了1970年，这一数字增加到43 000人次，总金额达到2.26亿美元（Mayhew和Ford，1974，第149页）。1960年至1970年，美国全国授予的博士学位数量增加了两倍，从10 000个增加到了30 000个；博士学位授予单位数量增长了近50%，从165个增加到了240个（Thurgood，Golladay和Hill，2006）。简言之，20世纪60年代可以说是美国博士生教育迅猛增长的十年。

当前博士生教育的诸多特征正是在这一时期形成并固定下来的。美国联邦政府的研究资助、教师的研究工作和研究生在研究方面的投入三者汇成一体。研究生教师的教学负担在减轻，从而有更多的时间来从事科学研究。相应地，这种情形扩展到了社会科学和人文学科领域，使得研究生作为教学助理和研究助理的责任更加清晰（Thelin，2004，第158页）。研究生教育规模的扩大以及庞大的大学规模必然导致博士生教育许多方面权力的下移，如招生、奖学金分配、课程设计等由研究生院整体下移到了各院系内部。与此同时,大学衍生了许多复杂的程序,以便应对不断增长的本科生群体和研究生群体。

对博士生教育目标的争论一直没有休止。战后美国对研究生教育的持续资助很大程度上是基于这样的认识:国家科学和技术的卓越发展需要汇集大批高学历的人力资源(美国研究生教育委员会,1972,第1–2页)。但是,许多人质疑博士学位获得者数量过多会导致博士生教育质量下降。然而,不可否认的是,社会对博士生教育的需求强烈,不仅是为了培养研究者,本科入学人数的急速增长还引发了对大学教师空前的需求,因此社会对培养大批优秀大学教师的需求愈发强烈。

(三)阶段三:缩减和创新发展

然而,高等教育的泡沫还是不可避免地破灭了。这一时期经常被称为"高等教育的新萧条"(Breneman,1975)。20世纪70年代,高等教育因经费紧缩过渡到了一个缩减时期(1969年开始减少研究发展资金),学术市场萎缩,军事人员缓役也于1968年结束。尽管在1970年和1974年的萧条时期,研究生入学人数仍在增长,但博士学位获得者却减少了(美国研究生教育委员会,1975a)。

不足为奇的是,艰难的岁月引发了人们关于研究生教育目标的激烈讨论。1971年,美国研究生教育委员会成立,"对当今研究生教育及其与美国未来社会的关系做了客观而又彻底的分析",三年间该组织发布了六份报告(美国研究生教育委员会,1973,第iii页)[4],不论成效如何,变革均是其核心主题。正如该委员会的报告中着重指出的,"在一个支持度较低的环境中应对降低的增长率的过程是困难的",报告还倡导"研究生教育规模和职能的变革应该反映其在传承和发展科学文化方面发挥的核心作用,而这不仅仅是达到'目的'的手段,也是'目的'本身"(美国研究生教育委员会,1973,第2、6页)。

该委员会更加直言不讳地建议,"联邦政府、州政府和高等学校的政策应该比目前更加明确地体现研究生教育功能的差异性"(美国研究生教育委员会,1975a,第49页)。值得注意的是多数高校增设博士生教育是试图获取传统博士生教育及其教师群体所赋予的声誉。该委员会强烈建议那些新建立的非全日制和应用型博士生教育应致力于解决国家和区域性问题(美国研究生教育委员会,

1975a，第 49 页）。培养博士生的教学能力越来越受到关注，针对这一问题，一个具有建设性的建议是增设新的学位：文科博士（DA），但是文科博士从未广泛传播开来[5]。

与此同时，博士生群体发出了强有力的声音，日益关切其自身学习内容。博士生的异议源于新的研究领域的开创，包括民族研究和性别研究。博士生还批评博士生教育的内在结构，一项调研显示，博士生教育中高达 1/3 的优秀博士生由于博士生教育要求太多而辍学（Heiss，1970，第 179-180 页）。这些批评有助于改革相关的要求，比如改革综合考试的形式和时间安排（Mayhew 和 Ford，1974，第 146 页）。最终，大多数院系甚至取消了对于博士生的语言要求。

即使是在政治动荡和财政紧张时期，博士生教育改革依然是有规则的和渐进性的，而非革命性的。尽管一些博士生教育项目在 20 世纪 70 年代和 80 年代初期略有收缩，新的博士生教育项目却持续创设（很多看起来十分传统）（Bowen 和 Rudenstine，1992，第 57-62 页），那种迫切的竞争的力量似乎是无法阻挡的。

（四）阶段四：多样化和分化

美国博士生数量在 20 世纪八九十年代发生了显著的变化（见表 2.2），尽管博士生教育各群体的数量变化不一，但也正是在这一时期，博士生教育全面对女性开放。20 世纪，博士学位授予人数中女性博士占比大约达到总人数的 40%，且女性博士生的博士学位主要是 90 年代授予的（Thurgood 等，2006，第 16 页）。如今，在心理学、生物科学、人文学科、教育学、医学和大多数社会科学领域，女性博士数量占比达到一半甚至更多，而在物理学（26.4%）和工程科学（18.3%）领域，女性不大受欢迎（Hoffer 等，2006）。这一时期美国博士生教育国际化水平提高，多数国际学生来自亚洲，其中大多数来自中国，在 90 年代，美国大学授予来自中国学生的博士学位达 24 000 个（Hoffer 等，2006，第 18 页）；同样，国际学生博士学位授予情况具有一定的领域特征，90 年代后期，在农学、数学和计算机科学以及工程科学领域，超过一半的博士学位授予了非美国公民。

表 2.2　博士学位获得者的人口分布特征[6]

年份	女性博士生比例/%	美国少数民族和种族学生比例/%	国际学生比例/%	博士学位获得者总数/人
1960	10.7	—	12.7	9 733
1970	13.5		15.5	29 498
1980	30.3	8.3	18.7	31 020
1990	36.3	9.6	30.9	36 067
2000	43.8	16.1	32.6	41 368

这些变革反过来使得美国研究生教育在民族和种族多样化方面的缺失，成了一个值得警示的问题。在 20 世纪最后的 25 年里，美国少数民族、种族学生获得博士学位的人数占总人数的比例不足 10%：非裔美国人（3%）、亚洲和太平洋岛民（2%）、西班牙裔美国人（2%）、美国印第安人和阿拉斯加土著（0.3%）（Thurgood 等，2006，第 19–20 页）；公共教育的不平等性引发了对教育目标的拷问以及更深层次的社会问题。博士生教育中的研究领域也更加细分和多元化，新的研究领域不断显现，博士学位的授予便是一个研究领域出现的象征。随着新的研究领域在这一时期出现和重组，生物科学异军突起，远超其他学科领域，成为支撑大学结构的重要一极；在其他领域，如物理学、工程学和文科也发展起来，尤其是跨学科研究方兴未艾，乃至整个研究生教育走向前端。

90 年代又是一个学位授予日益增加的时代。部分动力源自对教师退休政策和相应的教师招聘热潮到来的预期，最终证明，这些预测是草率的。因面临持续增长的经费压力，大学不愿聘用终身职位的教师，加之强制性退休年龄规定的取消导致退休教师的人数比预期少，结果是大学依靠临时教师支撑局面（所谓师资"补充"）；而在科学领域，也出现了大量的博士职位需求（国家科学基金会，2003，第 13 页），这些趋势导致博士职业路径的多样化，在很多领域，非学术职业领域雇用博士生变得司空见惯，有些甚至成为常态（Nerad 和 Cerny，1999）。对于博士进入非学术职业浪潮的兴起，博士生教育不同学科领域反应不一，有些学科领域"接受"，而某些学科领域"排斥"，结果是在 20 世纪最后 25 年里，不同学科领域博士生体验差异明显。随着博士生教育不同学科领域在内在结构、文化、治理方式、资助形式、职业路径等方面的差异愈加明显，对博士生教育目标以及其满足未来需求能力的质疑也越来越多。

（五）阶段五：改革的浪潮

基于美国博士生教育的简史，窥一斑而知全貌，社会对博士生教育目标和质量的关注不足为奇。当然，人们对美国博士生教育的关注点发生了变化，从对其发迹于欧洲博士生教育模式感兴趣，转向关注其在国际科学舞台上的竞争力与解决新的社会和政治现实问题的作用。随着研究生教育事业的发展，一些全国性或地方性的机构诞生，从美国大学协会到美国研究生教育委员会，再到研究生院委员会，它们正尝试用新的方法和框架开创研究生教育新的未来；实际上，在过去的一个世纪里，卡内基教学促进基金会已经多次参与其中（见案例2.1）。近几年来，美国对博士生教育重视程度愈加明显，从90年代开始，一些早于CID的一系列重大改革付诸实践，为博士生教育改革奠定了坚实基础。

案例2.1　卡内基基金会参与的研究生教育研究

1927年，即将短期就任卡内基基金会主席的Henry Suzzallo对研究生教育现状进行了充分的回顾，以期提出一项研究计划。他认为"针对研究生院现状的研究太缺乏客观性，没有任何针对组织的研究比其更甚"，并精心提出了五个研究维度：学生群体、研究生教师群体、学业和职业生涯的衔接、硕士和博士的区分以及"对培养过程的探析"（Suzzallo，1927，第83、87页）。

1937年10月，William S. Learned、Benjamin Wood和基金会的其他人员在哥伦比亚大学、哈佛大学、普林斯顿大学和耶鲁大学首次实施了最新研发的考试，"用以判断学生是否适合研究生学习"。很快，它便被证明可以作为录取证明和获得奖学金的参考项，结果便是由基金会组织研究生入学考试，直到1947年教育考试服务中心成立（Savage，1953）。

1939年，基金会出版了一部关于美国三所有影响力的大学的早期发展史：《早期研究生教育研究：约翰·霍普金斯大学、克拉克大学和芝加哥大学》，该书关注的是三所大学成功的特质（Ryan，1939）。它的姊妹篇《美国研究生教育研究》，因"二战"而延迟出版，该书基于学生入学统计分析以及1937年至1939年对美国 12 所研究生教育顶尖高校的实地考察,对美国研究生教育做了一次全面总结（Edwards, 1944）。

1983 年该基金会发表了《学术及其存在：拷问研究生教育理念》,作者是 Jaroslav Pelikan, 1973 年至 1978 年任耶鲁大学研究生院院长。Pelikan 坚信"学术是一种生活方式",他说"但开始相信,尽管不情愿但却无法回避,当今学术存在危如累卵"（1983,第xviii页）。1983 年,在基金会和高等研究院资助举办的一次关于研究生教育的特邀讨论会上,Pelikan 对于研究生教育目的和人文学科未来发展的关切成为会议开场白。随后,Pelikan 写了一本较厚的书——《大学的理念》（1992）,书中涉及了很多从研究生教育早期研究中演化而来的理念。

1989 年 Bowen 和 Sosa 的《艺术和科学领域教师的未来展望》一书的出版再次印证了这个观点。他们预测的即将来临的教师聘任潮并没有发生,而研究生院培养出来的一代博士成为教授之事也搁浅了。这引发了对博士毕业生职业路径和学习之间关系的广泛关注。

一种观点是高校研究生院应该做更多的相关工作以培养博士生成为教师。因对本科生课程中助教的教学质量令人担忧,助教教学质量提升成为一个高度突显的改革议题,那些卓越的研究型大学纷纷召开全国性会议讨论这一问题。

随着这些问题进入讨论视野,1993 年,美国研究生院委员会以及美国大学协会联合发起了"未来教师计划"（PFF）。该计划旨在为博士生提供观察和体验各类学术机构教师角色的机会,因为这些机构具有不同的使命,学生群体也呈现出多元化的态势,因此对教师也有着不同的要求。通常情况下,这一合作主体包括研究型大学及其周边的两年或四年制学院。在十多年中,美国超过 45 个博士学位授予单位和近 300 个学术机构合作实施了正式的项目（未来教师计划全国办公室,未注明出版日期）。

在"未来教师计划"及其他计划基础上,美国出台了一项新的工程计划——"重构博士学位计划",综合了七方之关切：研究型大学、K–12 学校、博士生、政府机构、企业、基金会和教育协会。该计划于 2000 年以一次讨论会的形式结束,会上,参与者就七项建议达成了共识,其中包括：需要"精心策划、系统协作"

以应对变革，学术界内外应对教学角色的培养给予更多关注，"需要向有潜力的博士生明确博士生教育的内涵和要求"（Nyquist 和 Woodford，2000）。该计划成员还开发了博士生教育成功经验共享网络平台，平台持续提供和推广创新性的理念，以促进博士生教育有效开展（参见 http://www.grad.washington.edu/envision）。

基于此次会议的几项建议，更进一步的计划正在逐渐确立。由伍德罗·威尔逊全国奖助基金会（Woodrow Wilson National Fellowship Foundation）资助的"积极行动之博士（2000—2005）"（The Responsive PhD）选取了一条更为广泛的路径，在美国 20 所大学的学校层面展开工作。该项目的主持者强调四个主题，即所谓的"四个 P"：设计新范式（crafting new paradigms）、探索新实践（exploring new practices）、招募新成员（recruiting and retaining new people）以及形成新合作（forming new partnerships）（2005）。

在 20 世纪 90 年代，社会还关注博士生教育的高淘汰率和延长学制等问题，尤其是在人文学科。《攻读博士学位》（Bowen 和 Rudenstine，1992）一书使得美国全国广泛关注这一问题。针对这一问题，梅隆基金会创设了"研究生教育计划"，该计划涉及 10 所大学的 51 个院系，明确提出将研究生资助应用于提高学生满意度、保证学生获得学位等方面，院系也进一步明确了计划标准，使项目合理化（Ehrenberg 等，2005）；同样，研究生院委员会也通过"博士完成计划"（2005—2010）来降低博士生的淘汰率。

学科团体也成为更加积极的改革推动者。他们通过博士生教育和学科发展研究积极参与重大变革[7]。同样，这些研究也引发了基于学科的改革行动。例如，2001 年美国化学学会成立了一个研究生教育办公室，出版了一些面向研究生的时事通讯。

所有有计划的努力共同促进了美国博士生教育的进步。参与卡内基博士生教育促进计划（CID）的学科都流露出对本学科未来博士生教育的担忧，许多大学在参与计划之前已经做过一些改革尝试，部分大学甚至已经全面改革。简言之，卡内基博士生教育促进计划并非从零开始，基金会所播下的改革"种子"已有积淀。我们对此坚信不疑，这也为进一步的工作打下基础，就像做学问和组织变革一样，卡内基博士生教育促进计划的实施是建立在前期努力的基础之上的。

以上五个阶段的变革对美国研究生教育产生了深远影响。但是，工作尚未完成，改革不容放松。为"毕其功于一役"，21世纪，美国研究生教育必须加快重构其内涵和外延，以促进学者的养成。

二、化阻力为动力

美国一个多世纪的博士生教育发展和改革，具有矛盾性。一方面是渐进变革，随着博士生教育面临经费来源困难、学生越来越多元化、持续更新的教育目标以及学术界内外不断变化的环境，这种渐进性的变革也具有持续性和重大意义。另一方面是停滞难进，对博士生教育的设想和内在变革举步维艰。当实施卡内基博士生教育促进计划时，我们需要综合考虑这两种矛盾性情况。

附录一详细地说明了我们的方案细节，但是我们的行动计划体现了博士生教育的四点理念及其怎样改变博士生教育。我们强调这四点理念，主要是因为这些理念为我们提供了不同的视角和方法来思考博士生教育改革面临的那些看起来难以逾越的障碍。

（一）金钱的神话

任何关于促进博士生教育发展的讨论，经费的问题不可回避，而经费也往往是讨论的"终结者"。历史清晰地表明，经费支持模式以及经费激励可以根本性地重塑学术激情和学术追求。外部经费的产生，尤其是20世纪中期兴起的联邦政府研究经费的设立，造就了教育业界一个竞争和"挣扎求存"的动态局面，这使得很多情况（比如本科生教学、参与学术共同体）都是处于持续竞争的状态；其实施原则似乎是更多的资金投入会带来更好的质量。没有经费报酬的激励便毫无作用。这种现象也支持了一种观念，那就是在公立高校现在所面临的资源紧张或经费缩减的环境中，积极的变革难以发生；甚至是如果没有额外的经费激励，高校也不愿花费时间、投入精力来改进那些资源相对充足的博士项目。

我们并不想低估高等教育面临的财政挑战的重要性。但是，涉及各类博士生教育项目的CID行动提出了一种不同的思考经费及其激励的方式。一方面，大量的经费投到了没有什么实效的实践中；另一方面，经费驱动引发的是暂时的变革而非必要的改进或持续的影响。更进一步说，经费不仅被视为促进变革的条件，更是其结果。卡内基博士生教育促进计划并没有为参与院系提供经费支持，但是大多数院系却已经取得了进步，还会带来新的资金来源。举例来说，得克萨斯大学的历史系与人文系密切合作，实施了一系列的改革措施以提高其研究生教育质量，使其在美国全国范围内具备更大的竞争力来吸引新生。结果是这一措施使得历史系年度招生持续增加，相关部门第一次为历史系一次性提供了较大数额的可持续多年的支持经费；同时历史系也增加了自主性资金，可以用于招生、研究和人员聘任（见 R.Abzug 给作者发的邮件，2006 年 9 月 6 日和 9 日）。在内布拉斯加大学，学校投入了巨大的精力以期为更多的女性学生学习研究数学创造机会，为一些学生营造支持性的文化氛围（否则他们难以在该领域取得成功），十年来，这些努力为该项目吸引了来自联邦政府和一些机构的基金。

当然，并非所有的"产品"都会立刻以资金回报的形式出现。在密歇根大学化学系，研究生探索教育问题的新机遇出现，并吸引了一些优秀的学生申请这一博士生教育项目（例如，与教育学院合作授予化学教育学学位）。据 Brian Coppola 所言，"一大批来自排名高于我们系的院系的优秀学生选择攻读我们的博士项目，因为我们致力于面向未来教师发展"（Hutchings 和 Clarke，2004，第 169 页）。逐渐地，优秀的学生有利于吸引和留住更多有声望的教师，伴随而来的是更多的经费资助和前沿研究，这反过来也为吸引更多的优秀学生创造了条件。这便形成了一个驱动教育改进的良性循环系统：好想法和好理念带来的回馈是引来"投资"，这些"投资"也会促进更多的好想法产生（打造学术声誉的"鸡—蛋"动态循环的典型）。

（二）学科的权力

研究生教育史上的一个话题，也是如今试图变革的一个内容，便是日益扩张的大学学科的权力及其学科管理部门的权力。虽然在制度安排层面跨学科合作需要日益扩大，许多大学也制定措施来引导跨学科发展，但博士生教育仍保持着学科教育的限制：博士生的入学资格、课程、质量标准都受到院系教师的严格管控。正如一个研究生院院长证实的那样，学科和院系时时控制着博士生教育。简言之，院系拥有巨大的权力，并且强烈抵抗着来自外界的改革压力。可以这样理解：院系一定程度上制约着改革。

但是学科也可以是改革的引擎,我们可以在卡内基博士生教育促进计划中观察到这一点。与之前进行的大量的研究生教育改革不同,该计划基于学科纵深而非广度视角,在少数几个领域进行探究而非覆盖研究生教育的全域。

这种策略体现了这样一个基本认知,即教师的学科归属是他职业身份的基石。因此,关于"博士生教育为培养'学科守护人'服务"的一种理解是博士生教育能够引导教师"在其位谋其职",并号召他们同那些对其学科领域及学科发展拥有同样热情的人携手工作。我们常常发现,确保学科良好发展成为学者们认真对待的一项特殊职责。从这一角度来看,院系不只是对抗外界以维护自身发展的堡垒,更是一个可以传播优秀理念的基地。在不同的大学,不同的师生会因教授、学习同一领域课程而传承新理念、开展相关实践。对学科的忠诚、确保学科健康发展的使命使得这种传承成为可能——即使这些院系之间在生源、教师、经费上存在竞争关系——为了更高的利益而合作,共同建设并推进学科领域的发展。基于这些方式,学科开创了未来博士生教育的新思路。

此外,对学科的尊重为不同学科之间的对话开启了新的大门。关于研究生教育的跨学科对话常常沦为"富有"和"没有"的对比。但是,事实上,在现实工作中的一个教训就是要重视将不同学科融合的价值,要让那些不存在典型交互影响的院系和学科来分享他们在做什么以及他们在担忧什么,比如如何促进有效的学习、在学科设置方面的改革等。这在我们 2006 年夏季召开的按照主题组织的跨学科大会中体现得最为明显:会上我们发现,数学家、历史学家以及神经科学家等都为如何培养创造力、如何帮助学生提出重要问题而努力着。他们好奇"同样的问题在其他领域如何解决"。例如,卡内基博士生教育促进计划参与者热衷于采纳不同学科的资格考试模式——申请报告、作品集、课外测验等。

(三)分权的两面性

正如本章引言部分所说明的那样,"没有唯一的掌管者"的事实可以视作削弱一切改革作用的"秘诀"。与欧洲研究生教育(甚至整个高等教育)自上而下、中央集权式控制方式不同的是,美国研究生教育的显著特点是由地方制定政策并进行决策,高等教育具有多样性。

一方面,高度分权结构使美国研究生教育"杂乱"而难以管控,分权对制度变革形成张力。从这个意义上说，这是一种阻碍因素，是使大量改革进行得比其他地方更为困难的一个因素。另一方面，美国研究生教育分权的本质可能也会促进改革，因为分权意味着有许多好的想法和创新的实践可以从更多的地方展现出来。就像一名高等教育观察者在 20 世纪 50 年代曾经说过的那样，"过去只能在哈佛大学做的事情现在堪萨斯大学也能做了"（Berelson，1960，第 108 页）。我们今天可以更进一步确信，有时候在哈佛大学不能做的事在堪萨斯大学却可以做了。简单地说，美国教育系统是一种鼓励地方大胆试验的完美设计。研究生教育的发展需要的是更多的机会、更多的渠道，能够使成功经验为人所知、为人所借鉴。

秉持这种思想，卡内基博士生教育促进计划涉及广泛的机构，这些机构在不同方面、不同社会层面上影响着教育，或好或坏，都引发了社会对高等教育的关注。我们非常重视地方性的试验和公共创新的重要性。项目的预期成果主要是为学科领域发展形成报告，而非向卡内基基金会提供报告。卡内基博士生教育促进计划在院系中得到了积极反响，院系在美国全国性会议上进行宣传调研并形成报告。相关的内容可以在很多资料中查询，如《化学与工程新闻》（Everts，2006）中的一篇关于 2004 年春季同行评审的特色文章，该项目中院系代表性工作的资源可以登录网址：http://gallery.carnegiefoundation.org/cid。通过致力于这种公共交换，改革者和创新者便完成了神经科学家 Zach Hall 所说的"不仅要推进信息、技术、观点在项目内部，还要在项目外的交流发展"（Zach Hall，2006，第 216 页）。

（四）学生：变革和改进的推动者

提及研究生教育的负责人，一般会认为是大学教师。毫无疑问，教师是任何有意义的改革中必不可少的角色。但是在实施卡内基项目的五年里，我们最重要的经验就是学生可能是改革的有力角色。招募学生成为项目合作者，也许对于教师来说并不是一个容易被接受的策略，通常博士生（其他学生也一样）并不被视为推动者，而是被视为产品，甚至被视为教育过程的副产品（Bousquet，2002）。但是，当这一推动者被视为如教育质量同等重要的位置时，学生们能够带来惊人的想象力和能量。

期盼着这种设想成为现实，我们要求每个参与卡内基博士生教育促进计划的院系从一开始就将博士生纳入他们的工作中——作为自学过程、问题思考、创造性问题解决的参与者。学生们也积极参与卡内基基金会的项目会议,他们的观点对于形成审议意见十分重要。事实上会议成为一种学术共同体的缩影,许多院系也在学院内部凝聚学术共同体。最终,教师也认为学生可以成为变革的推动者;许多人认为这也是卡内基博士生教育促进计划最具变革性的一个理念。

随之,参与了探究和改革过程的学生发现自身对待学业的态度有所改变,变得更加有计划、有目的,更有能力塑造自己——所有的习惯为他们应对未来瞬息万变的学术和专业生涯打下了坚实基础。显然,学生发展受到了该计划的影响——使他们无论将来处于什么位置,都具备未来学者的特质。

三、关注未来

研究生教育的历史很大程度上就是目标和变革博弈的历史。在美国全国范围内,关于研究生教育目标的持续性辩论主要集中在两大问题上。

第一,学生拿学位是为了什么?它应该有多纯粹?它是为特殊事业或职业而进行的准备,还是为了探究知识和理解事物?回到1912年,普林斯顿大学研究生院的创始院长Aandrew Fleming West抱怨道:"现在我们研究生院最为不齿、最令人担忧的就是博士生攻读博士学位不是要成为学者,而是为了一份工作。"(Berelson,1960,第19页)关于博士生教育目标的问题在今天也仍然令人担忧,学生们对于职业的关注和追求是否胜过对于知识的热情和探寻?在大学工作和在工业领域工作的化学博士,他们产出的是同样值得称赞的成果吗?他们是否需要接受有区别的博士生教育?

第二,获得学位是为了谁?所有有能力读博士的人都应该去攻读博士学位吗?如今一个突出的问题是大学为过多的博士生授予博士学位,导致了博士生教育质量下降。美国大学教授协会对于"赝品研究生学院"激增这一现象的关注始于20世纪初(Berelson,1960,第20页)。到20世纪中期,这一问题仍然存在:"一些研究生院的领导担忧博士生的数量扩大影响博士生教育的质量,在每年授予的博士学位数达到500、1 000甚至3 000的时候,他们对于现今9 000的数量有何想法呢?"(Berelson,1960,第32页)。也有人会问,那他们对于今天超过40 000的数量又有何看法呢?事实上,令人惊讶的是一些营利性的教育项目和网络大学学习以及教育学院仍然在授予大量的教育学博士学位。尽管现今并非所有人都质疑女性或者非洲裔美国人在体质上或者智力上的能力差别，但是在政策或实践层面有意识地、系统地促进学生群体多样化时，仍然存在多方面的阻力。

对教育目标的思索可以说是体现了研究生教育事业的本质。过去一百二十五年来，关于研究生教育目标的问题争论不休，当然不存在任何问题是可以被彻底消除的。当新的挑战出现之时，研究生教育目标的问题又随之出现。

现在要考虑的问题是博士生教育在当前以及未来数十年内所要面临的特殊挑战。21世纪的博士生教育，迎来的会是什么样的社会大发展和智力大发展？许多观察者指出，是全球化、新的市场力量，是紧急情况下发生变化的资金提供方式。对此，我们表示赞同。但是，可能更有影响力的是知识生产方式和交流方式的变革，它可能会重新定义博士生教育，改变传统的已系统化的博士生教育的核心要素。

在卡内基博士生教育促进计划实施早期，我们委托参与研究的来自六个学科领域的学者们写文章，请他们写一些关于他们所在学科、关于博士研究生应该如何成为"学科守护人"的内容。除此之外，我们要求一些学者通读全部文章并且告诉我们他们看到了什么［全部作品在 2006 年出版：《未来博士生教育的憧憬》（Golde 和 Walker）］。他们的回答集中在以下几个方面：更广泛的跨学科性和相邻学科的交互影响；更多的团队合作——即使是传统上被认为应该比较独立的学术研究在教学和科研方面都将有更多的合作；体现更加伟大的教育目标：与学术界以外的合作者、相关者建立合作关系，让学术与社会更加紧密联系。许多作者还谈到了为实现高度专业化，博士生教育需要更充分、宽广的教育准备，形成更加灵活的、整体性的学术理念。以上观点都体现了博士生教育变革的迫切动机。正如 David Damrosch 所言："他们仅仅揭示了一种教育的'一致性'变革倾向，用 Edward Wilson 的话说，就是提出了研究生教育目标和方法实质变革的轮廓。"（2006，第 34 页）

我们在此分享 Damrosch 的观点：在博士生培养的过程中，研究生教育面临着重要变革的需求，其中一些改革已经开始进行。正如基于系统视角的教育目标这个棘手的问题一样，这些问题可以成为一个院系或者博士项目的热烈探讨的内容，如就博士生教育特定要求的目标达成一致（博士学位论文应该扮演什么角色？），能够提升博士生教育的实效性和院系的学术氛围。

但是我们也知道，研究生教育的变革并不简单，也不是能够自动发生的。在研究生教育阶段，很少开展评估、设定目标，并通过优化设计来实现这些目标。例如有的评估活动，提出了关于目标和效率的问题，几乎完全集中在了本科生教育阶段[8]。在一些案例中，"评估"带来了官僚主义问题，以至于在研究生教育领域作用不大。研究生教育评估需要的是给师生提供反思的路径，审视一下他们做了什么、为什么这样做，应该作为一个外界强加的评估。对研究生教育的评价是要能够探究和改进研究生教育的相关学科和学生的高标准，这正是我们下一章要讨论的主题。

注：

[1] Kenneth Prewitt 是哥伦比亚大学国际和公共事务学院公共事务系的卡内基教授，同时也是卡内基博士生教育促进计划全国咨询委员会的成员。文章为卡内基博士生教育促进计划初始委托的系列学科评论文章的一篇（2006，第 23 页）。

[2] 美国教育部早先就承担了记录各种学位获得者数量的职责。自美国教育部提供统计服务以来，研究者对数据和资料有了更大的信心。Walter Crosby Eells 详尽分析了校友录和其他历史数据得出：截止到 1900 年，博士学位授予总数是 3 553（Eells，1956）。然而，其他研究者发现其中大约有 1/3 的博士学位出自那些缺乏正规博士项目或充足设施的大学，还有 8%～10% 属于荣誉学位（Thurgood，Golladay and Hill，2006，第 3 页）。自 1957 年开始，每年"博士学位获得者调查"数据列表的呈现，使得获取博士学位获得者的详细信息十分便利，这些数据是通过调研所有即将毕业的博士研究生而获。美国国家科学基金会 2006 年年度报告《20 世纪美国博士生》提供了丰富的博士生数据和资料（Thurgood 等，2006）。

[3] 除了 2000 年的数据来源于"博士学位获得者调查"报告《美国大学的博士学位获得者：2004 年总结报告》（Hoffer 等，2005，表 1 和表 2，第 39-40 页），其他博士学位授予机构数量和博士生授予数量来自《20 世纪美国博士生》中图 2.1 和图 2.4（Thurgood 等，2006）。博士和学士学位的比例基于 Bowen 和 Rudenstine 的统计表（1992，第 21 页）；1900 年的数据根据 Berelson 有关研究计算而来（其采用 1900 年授予 250 个博士学位）（1960，第 26 页），2000 年的数据来自《美国教育统计摘要 2005》的表 251（美国国家教育统计中心，2005）。

[4] 美国研究生教育委员会在 1971 年联合研究委员会理事大会上成立。该委员会三年一个任期，从 1972 年 6 月到 1975 年 6 月，在这三年里该组织发布了六个报告：① 研究生教育：目标、问题和潜能；② 博士人力资源预测和政策；③ 联邦政府研究生教育政策选择；④ 科学发展、大学发展和联邦政府；⑤ 研究生教育中的少数民族群体；⑥ 研究生教育展望和机遇（美国研究生教育委员会，1972，1973，1974，1975a，1975b，1976）。该委员会还发布了五个技术报告。

[5] 尽管文科博士（DA）首次被提及是在 1932 年，但是，第一批文科博士学位是 1976 年卡

内基·梅隆大学在英语、美术、历史和数学学科领域授予的。它被视为为大学各学科教学培养人才而非做研究工作。卡内基高等教育委员会、卡内基公司、教授协会和州高等教育协调委员会等四个有影响力的组织的倡导，促使该博士学位得到认可。文科博士的发展很大程度上是一个自上而下的过程，受卡内基公司计划基金和学术奖金支持，在发展文科博士中，卡内基公司投入了 320 万美元（Glazer，1993）。

1967 年到 1990 年，31 所高校的 88 个院系授予文科博士，涉及 44 个领域，最为普遍的是英语（14 个领域）、数学（13 个领域）、历史（8 个领域）三个学科。这二十三年间，授予的文科博士学位达到 1 943 个（Glazer，1993）。截止到 1991 年，只剩 21 所高校还在授予文科博士学位，在我们撰写本书期间，这一数字已经下降到了 12；文科博士没有传播开来，也没有取得促进者想象的那种成功。Glazer 将其归于多因素的影响：研究重于教学对师生带来的竞争压力，学术市场的萎缩，其他专业领域博士学位（包括音乐、商科、美术及其他专业）的大量产生。我们可以认为文科博士没有广泛传播开是因为博士学位仍然适用于大多数领域的所有职业路径。一个人只要能获得博士，文科博士就没有竞争力。

[6] 数据来源于"博士学位获得者调查"（Hoffer 等，2001，表 7、表 8、表 11；Thurgood 等，2006）。第一个获得美国博士学位的非裔美国人是物理学家 Edward Alexander Bouchet，1876 年在耶鲁大学获得学位。然而，博士学位获得者的民族和种族资料直到 1975 年才开始系统收集。（少数）民族和种族比例是通过美国公民填报其种族的总数计算而来的。第一个获得美国大学博士学位的美国女性是 Helen Magill，1877 年在波士顿大学获得希腊语博士学位。1978 年美国国家研究委员会的《百年博士学位》记录了每五年的博士学位获得者性别数据；1900—1904 年，8.8%的美国博士学位获得者是女性，1920—1924 年，这一比例增加到 15.1%，1940—1944 年为 13.5%，1960—1964 年下降到 10.8%（Harmon，1978，p.17）。该报告还记录了国际学生的比例，稳定在 7%~9%，直到 20 世纪 60 年代呈现出增长的趋势（p.47）。

[7] 最近对博士生教育学科层面的研究最为全面的是历史学科（Bender 等，2004）。美国化学学会定期对其成员组织进行调研，涵盖大多数拥有博士学位的化学家，无论是在学术界还是企业。在美国化学学会网站上可以找到系列调研报告（美国化学学会，2002）。美国现代语言学会也会定期收集和出版一些有关研究生教育的资料，尤其是关于职业市场和职业发展路径方面的，而且已经资助了数次讨论会的召开和一些文献的出版（例如：Laurence，1998，2002；Lunsford，Moglen 和 Slevin，1989；现代语言学会委员会在研究生专业化发展中的地位和作用，2001；现代语言学会执行委员会任务驱动对研究生教育的影响，1999；现代语言学会 1998，2003）。数学界被联邦政府资助的几项报告激发（数学科学学会理事会，1990；国家研究委员会数学科学学会理事会，1992；国家研究委员会，1984；Odom，1998）。自 1965 开始，AMS、MAA 和 IMS 联合资助了数学科学学会的年度调研。这可以反映出卡内基博士生教育计划资助的学科只是冰山一角，其他学科也非常积极。

[8] 近来的两个例外可以忽略不计。2006 编撰的《博士生教育评估》（Maki 和 Borkowski，2006）包括了大量的模型和案例研究。"积极行动之博士"计划突出体现了有效实践以及教育如何被评估（Woodrow Wilson 全国奖助基金会，2005）。

第三章

博士生教育的目标
——"镜子""透镜"和"窗户"

"照镜子"是最能激发改变的动因之一[1]。

——Lee S. Shulman

获得博士学位,最不可回避也是最重要的一个转折点就是资格考试(在某些地区也称为综合考试、统一考试或者候选资格考试)。博士生教育是一个持久战,而且常常令人畏惧,成为博士研究生的方式也是多种多样[2]。一方面,"资格"是指过往的积累,以此来评价一个学生是否储备了足够的知识;另一方面,"资格"是指未来的可塑性,是对未来工作提供一个发展蓝图,更多关注的是一个学生提出新观点的能力,提出问题、创造关联的能力以及在某一领域的专长。当然有些时候过往经历和未来的可能性并重。入学考试既是为了教育目标,也是为了设置门槛,无论以何种形式,准备和参加考试的过程本身就是一个重要的学习过程。

或许可以希望,随着我们与学生还有同行们对 CID 的研究,我们发现资格考试本身也是信息混杂和目标交错的。考试的教育目标通常对于学生来说是模糊的。尽管我们调研的考博学生说他们了解考试的要求,但是他们的反应却表明他们有很多困惑,他们对考试有诸如此类的评论:"我们被放任自流""一无所知""极其强烈的朦胧感""模糊的""难以理解的""只是在磕磕绊绊地前进"。[3]学生已经了解到了大体上掌握某些材料的重要性,但是对掌握信息的路径还很不清晰。

学生们也说他们对考试的了解通常是来自非正式信息来源,很多情况下是来自往届学生之口。正式的渠道,例如教师、行政人员、指南和网站等提供的信息经常是矛盾的或者过时的。不断变化的考试要求即使是为了不断完善考试程序,也可能会造成混乱。正如一个历史学科的学生所说:"我觉得,如果老师们可以更好地向毕业生们说明在考试过程中他们将会收获什么,当然除了因考试而产生'胃溃疡'和'头疼'之外,学生们可能会更有信心,考试结果也会更好。"

正是由于这种模糊的信息,造成了部分学生的焦虑,他们会过度准备,并且一直拖延参加考试的时间。而且有的时候一些学生会因没有人考试失利而觉得自己的痛苦准备经历很丢脸。同样,对于那些有失利考生的院系来说,同样也会感到困扰和茫然失措,因为在结果出来之前,院系得到的都是积极的反馈。尤其当同一个院系的老师对考试的评价标准有很大差别时,会进一步加剧这种挫败感。

很遗憾,教师们几乎和学生们一样困惑,因为他们很多时候都是在负责一项别人设计的考试或是延续以前的考试。当那些负责博士生资格考试的教师被问到"你们院系的教师对于资格考试的目标是否有普遍的共识"时,我们了解到这种理解还没有达到普及的程度(见表3.1)。对于"教师们对于资格考试中学生表现合格的标准是否有普遍的共识"这个问题,得到的反馈和第一个问题很相似。

我们并不是想说资格考试和综合考试已经遭到了无可挽救的破坏,确实在很多情况下考试运转得很好。但是对于教育目标的困惑正表明了博士项目的当务之急,因为这种困惑有时会围绕在实践的过程中,因此需要退一步思考,经过合理评估、不断努力克服困惑,明晰实践背后的目的。学生学习的核心目标是什么?什么样的视野和未来的前景决定了博士项目的规划?是否这样的设计或者项目只是对过去的一种累加,而不是基于对现在或者未来实际情况的考量?

表 3.1 教师对院系资格考试的教育目标的共识程度[4]

学科	教师达成共识/%	中立者/%	个人因素/%
教育学	55	25	20
神经科学	55	31	14
数学	53	34	13
化学	49	40	11
历史学	44	29	27
英语	35	32	33

数据来源:卡内基博士生教师调查

这一章将着眼于深入思考博士生教育目的的必要性。为什么这种思考如此之难,却还要关注那些有助于推进博士项目持续改进的流程和工具?我们认为这是博士生教育满足未来需要和面对挑战的最佳策略。

在这里需要对题目中的隐喻作出解释。"镜子""透镜"和"窗户"都可以通过展现新的视野改善我们的视觉感官,这因此也促成了我们对改变的理解和动力。有时这种映像是不那么吸引人的,但是镜子反映出的影像大部分都是看不到的、无形的(Shulman,2002)。透镜通过对某一区域的焦点强化和细节放大增强了视觉效果。Shulman说:"随着新的观察方式和新的有利位置,我们可以凭借可达到的、想达到的视觉角度,比较改善后的效果,从而引发和指导我们去改变。"窗户让我们有机会注视邻居在干什么,窗户也同样为我们的邻居提供了长期审视我们自己的专业实践的机会,伏身在窗台上,本着学术精神,交流和分享学习经验。Shulman总结道:"这些来自窗户的窥视,为教育者们改变的动力和方向提供了一个新的维度。"

一、艰难的对话

大多数人都认为教师和研究者们努力探寻博士生教育目标、设计博士项目和有效的实践是值得赞扬的。但是现实是每一个参与其中的人都缺少时间和资金来源。除非出现紧急危机或者困难(如专业学生的"反抗"、意想不到的资金短缺),深入思考博士生教育目标和成就成为一项重大的挑战。

我们是在CID的工作中才完全领会到这一点,当时我们第一次从参与的院系中召集了一批以学科为基础组成的团队。每一个团队受邀对自身学科博士生教育目标作一个介绍,而且介绍要全面、深刻,并要能激发起热烈的讨论。但是参与者们明确表示,他们回到院系后,也不会在日常的会议上讨论目的和目标。

为什么不呢?首先,他们很少有机会进行这种反思和自省。教育评价(好或不好取决于你问的是谁)需要学生的学习证明,而且几乎主要是只关注本科生教育。大多数研究生教育都经历过定期性的外部评审,当然这种考核是有助于学生发展的。但是,这种考核也只是流于形式,只是一种行政管理的安排,而不是出于内部需要或者兴趣的评价。有时候,早期评审也让教师们得到一些负面的体会:

评审也是一种"赌博",只是用于取悦别人,而不会真正改变什么。这种感受就会滋生教师愤世嫉俗的负面情绪和惰性。更糟糕的是,公正客观的分析报告往往导致负面结果,例如减少预算、分裂院系等,而不会促进新的改革和棘手问题的解决。

此外,"憧憬"未来和设定目标有些像企业思维或者是教育问责的要求,教师们认为这些要求会抑制教育的自主性。因为在商业上适用的策略并不能简单地用于学术文化。即使我们有开放的思维,这些任务将会迅速地退化为无止境的表面语言,也只会产出一些索然无味的陈词滥调。"院系的目标就是帮助所有的学生发挥潜能,促使他们在将来成为研究员和学者",这个目标是有价值的,但并不是非常有意义。

或许,正如很多院系的领导告诉我们的那样,因为有些差异导致院系无法真正地展开讨论,从而极大地阻碍了我们对教育目标深入而充分的思考。不去讨论教育目标可以维持一种不稳定的和平,而且据文学学者 Gerald Graff 所说,很多教师很擅长维持这种和平状态。为了避免在公共场合对不同意见的争论(但愿不是如此!),英语老师们发明了一种复杂的"协商妥协体制,这种体制起源于 20 世纪大学扩张和繁荣时期,在这种体制之下,知识分子领域的战争是中立的,通常只是通过增加一种新的组成部分,从而缓和各方的争执,保持和平共处"(Graff,2006,第 374 页)。

这种妥协并不局限于人文学科。根据科学史学家 Yehuda Elkana(2006)所言,"学科本身所存在的基本性争议之多,已经超过了学者们所愿接受的程度"。而且随着研究生教育越来越专业化,对于分歧、矛盾和竞争范式的理解和探索的需求已经在减弱,这样便削弱了科学思维(第 65 页)。

避免冲突对于教师和学生都是重大的损失,不仅是因为缺乏讨论的氛围(讨论是为了避免学者们的思想枯竭),而且因为课程信息的混杂导致了他们对专业的困惑和迷失(Graff,2006,第 374 页)[5]。学生们应该学会为自己的观点而争论,并就相关的问题形成自己的独立判断。学科就是这样成长和发展起来的,相互尊重的讨论是健康的学术环境必备的特质,尤其当讨论的"赌注"很高时更是如此。

裹挟着以上阻碍,研究生教育在探索"自己是谁""应该做什么"中怎样才能取得成效？怎样才能提出关于变革和提升的主题？

二、反思目标

在我们同 CID 院系一起工作期间，我们坚持鼓励教师和学生提问和回答三组基本问题。

1. 博士生教育的目标是什么？这个目标对于将博士生发展成为管理者有什么意义？博士生教育的理想结果是什么？

2. 博士生教育中的每一个元素的基本原理和教育目标是什么？博士生教育中的哪一个元素应该被肯定和保留？哪一个元素应该改变或者剔除？

3. 你是如何知道的？你是依据什么回答这些问题的？依据什么可以决定一项改革是否有助于得到理想的结果？

我们并不是期望通过这些问题，就可以促使博士生教育整齐地、一个接一个地有所改进。我们的目标是为各种活动、任务和会谈建立起一种基础，一个参照标准。可能有人会说，这些问题就像一面镜子，可以向院系反映一些现实。毕竟并不是所有的教育项目都会有重大的突破，而且我们估计，没有人会说在 CID 结束时他们能完成所有工作。但是开诚布公地讨论目标可以促进很多项目取得重大进步。

例如，内布拉斯加大学林肯分校数学系拥有一百多年的历史，教育发展自然会有起有伏，但是从 20 世纪 80 年代末起，在该系前主任 James Lewis 的领导下，研究生教育一直保持稳定的上升趋势：拥有更多更好的博士生，获得全国最佳女性毕业生就业奖，联邦政府拨款支持女性专业发展项目，并且成为国家认可的院系[6]。现任系主任 John Meakin 说："这些我们都做了，但是我们从来不降低标准、改变要求，创造一个积极的、支持性的环境很重要，我们只接受那些我们认为有资历取得成功的人。"（John Meakin，作者采访，2006 年 7 月 24 日）研究生们都积极地参与到院系学术共同体中，他们被看作青年同事，加入正在开展的本科生课程和人才招聘工作中。Meakin 说："我们很高兴以这种方式开展研究生教育。"即便是这样，似乎也缺少了些什么。"参与到 CID 中的目标之一就是要彻底考虑清楚博士生教育的目标，而且挑战之一就是能够出台一份可以切实反映我们所坚信的东西的文件资料。"Meakin 坚定地说道。

尽管可以直截了当地制定这样的文件资料,"可事实上并不容易"。第一步就是"观察一下周边,反思一下我们究竟是要培养什么样的学生,当学生们完成学业时他们要做什么"。这些初步的调查反映出院系在培养三类学生:第一类是将要去博士学位授予机构做博士后,他们此后将开始研究生涯;第二类是会进入四年制的学院做学术研究的人员;第三类是到国家安全局、工业领域和政府部门的工作人员。教师们会反问自己每一类学生需要知道什么,他们应该具备哪些素质。

Meakin 主任尝试起草了一份关于这些学生必备素质的文件资料(用现在的教育术语就是"学习结果"),并且和学院的 CID 委员会以及教师和研究生们分享了这份文件资料。"我们并没有为此而一次次开会,"Meakin 说道,"但是我们增加了很多内容。"尽管并没有像 Graff 所说的那种"敌对"的讨论,但是关于院系是否可以把三类学生都培养好,还是应该只集中在其中一类学生的培养上,依然存在"一些争论"。最后,教师们选择"三位一体"培养学生,因为院系成员们觉得这三种类型反映了"学科守护人"的职责所在。这似乎类似于 Graff 所反对的那种因累积而产生的妥协,但关键是关于教育目标这一难题,内布拉斯加大学至少没有回避,而是在持续讨论和思考。

最终院系形成了正反一页纸的结论,描述了学生的三条发展路径以及八个目标。Meakin 很快补充道:"这并不是说每个人都要接受。"院系关注的焦点只是局部性的,只是反映了局部的讨论结果和共识。"它也不是一个愿望清单、一套里程碑式的事情,在我们思考我们的博士项目时,我们并不能将它作为指导方针和评估目的。"正如这一章的标题那样,文件资料既是一面"镜子"也是一组"透镜","镜子"反映了项目现状,"透镜"检视了文件是否达到了那种状态。

事实上,这个文件资料将会发挥什么作用,还需要时间去验证,但是一系列像"透镜"一样的作用已初见成效,文件资料当中大多数要素旨在强化学术共同体的认同感和支持型文化,在过去的几十年里博士生教育界都在做这些方面的努力。在入学之前的学情介绍中,那些即将入学的博士生都获得了一份这样的文件资料,他们的第一个家庭作业就是阅读和评论这份文件资料。当博士生结束这个博士项目时,不管他们是否完成了学业,他们都将会被邀请交谈。博士项目文件资料可以作为交谈的基础，他们可以据此反映"他们是否度过了如文件资料中所列的教育经历"。将来，这份文件资料会和博士项目校友会的调研相结合。

总之，Meakin 认为制定完善这份文件资料"对教师思考是有意义的，对学生也是有意义的，这样他们就可以知道我们在为什么而努力"。Meakin 并不是想说这份文件资料是完美的，而且他也不知道未来会朝什么方向发展，或者什么的结果才是最有价值的。正如我们看到的，底线就是项目的参与者需要退后一步，慎重地、仔细地"照照镜子"，迫使自己用擅长的语言明确表达他们究竟在为学生们寻找什么。这样的一项成果意味着博士生教育在此方面迈出了重要的第一步，对未来的进步大有裨益。

案例3.1　内布拉斯加大学林肯分校数学系博士生教育目标

数学学科的博士生教育目标就是培养下一代的数学家，他们能够促进数学研究的发展，维护数学学科的恒久活力。数学专业的博士毕业生们应该成为这一学科的"守护者"，他们肩负传承和发展数学学科文献以及向他人传播数学知识的使命。

数学学科的博士毕业生应该对数学学科的某一方面知识有着深厚的积累和活跃的思考，而且他们应该对这一方面的文献作出重要贡献。此外，他们还要具备以下这些条件：

- 对数学学科的文献材料、学科发展历程，以及数学学科不同分支之间的联系有着广博的知识储备。
- 对数学学科在学科群里的中心地位，以及数学与其他学科之间的相关性有基本的了解。
- 有充分的专业储备和技能，可以教授不同学段的数学。
- 坚守道德准则，这是从事数学学科的专业研究的基础。
- 无论是对现在的还是之前的数学学者群体，要有一种认同感，了解这一群体的历史根基。
- 无论是作为博士毕业生群体中的一员，还是数学学者群体中的一员，都要信守专业承诺，积极投身专业服务。

- 能够向不同的受众传递数学的思想之美和力量。
- 能够帮助他人学会将创造力和想象力与数学的严谨、逻辑和精确结合起来。

（关于院系参与 CID 工作的完整资料以及进一步的信息，参见内布拉斯加大学林肯分校数学系网站：http://gallery.carnegiefoundation.org/cid。）

三、数据的"透镜"和"窗户"作用

对教育目标问题的审慎思考需要严谨的论据资料，最好的资料往往是以信息的形式出现。正如这一章题目所言，一个人不仅需要"镜子"，也需要"透镜"，这样可以从不同的视角去观察事物。通常在教育领域，关于有效性的数据和论据往往被看作是为了满足别人的需求（而且这种需求还在增长），但是一些极具前瞻性和目的性的研究生教育项目已经开始创造和分析自身的证据，他们将研究的焦点和方法转向了他们自己。

我们在第一章提到的关于哥伦比亚大学英语系的例子就体现了对博士项目的目标和元素、核心实践活动，以及可以促使它走向繁荣的学术共同体的未来审慎反思的重要性。这个例子也表明了数据对于问题的讨论和行动具有的强有力的催化作用。在 2003—2004 学年，英语系开展了一次延展性的自我研究，从对现有博士生的调研入手，涉及了"研究生项目的每一个层面和需要"。最终的反馈提供了"丰富的统计数据，而且对改革提出了很多深入的、创造性的想法，还有很多直接被纳入最终的改革方案中"。研究生院院长 Davis Damrosch 特意谈到，"这一研究最终真相大白时多么令人惊讶，终身教师之前或许并没有意识到这一体制的弊端，而且这些弊端或许已经影响到了少数不幸的人（事实上是很多人），这些人有的已经辍学或者有的没能找到他们喜欢的工作"。其中一项调研发现，"'全额资助'的博士生一周要花多少小时在校外打工来维持生计"。Damrosch 院长总结道："在开始一项研究时，没有什么方式比调查更好了。"（Damrosch，2006，第 41–42、36 页）

杜克大学化学系的做法也印证这一观点。作为 CID 的项目参与者，他们在 2003 年对研究生做了一项调研，最终结果在对话交流会（town hall meeting）上公布和讨论，而且会议向化学系所有人开放，包括教师和学生。很多调研结果是积

极的和肯定的，例如，学生们对于他们在做助教时获得的储备很满意，而且当教师们带着成功的"喜悦和激动之情谈论这次研究"时，学生们也没有表示异议。但是在哥伦比亚大学时，他们的反映是"令人惊讶"。很大一部分学生（1/4）表明他们希望能上更多院系以外的课程，这一发现也呼吁我们要"站在教师的角度去思考，什么样的课程教师们才会积极推荐"（Pirrung，2003，第2页）。围绕"归属关系"这一问题，也就是学生需要选择一名主要的研究指导教师这个问题，调查结果显示学生对于"循环性的研究"理念很感兴趣，或者说在做出最终选择前，他们会在几个潜在的指导老师的实验室里工作。另一项令人惊讶的发现是，只有1/10的学生表明"某些研究生课程的等级太高"，这一反应也促发了教师们对研究生基础课程作业合理性的讨论。调查结果还显示在二级学科中有很多有趣的差异，院系也一直在探寻这些问题，因为众所周知，它们正是化学领域的冲突点所在。的确，大多数的院系都要面临这些问题，包括课程作业在学术型学位项目中的合理比重、指导老师和学生的匹配，以及如何使学生能够学习院系之外的课程。

然而，或许从广义来讲，最重大的发现就是学生需要学校对于自己所受教育的要求做出更清晰的解释。"不仅仅是澄清我们'需要什么'，而且要说明'为什么'这样要求。"这一观点在调查过程中的呼声很高，而且对于很多开展了调研的博士项目来说，这样一个过程也让他们对工作的思考更加聚焦。调查也有很多局限性，但仍然为我们提供了很有力的视角，给予我们新的方式来审视博士项目。对学生和校友开展常规调研，使得我们以纵向的视角来看待博士项目的有效性。

其他一些信息也可以为我们提供有用的视角。例如，在2004—2005年，作为一项长期委托项目，也就是交互式数据收集和协同思考项目的一部分，匹兹堡大学英语系率先开展了一系列研讨会，其中包含三个博士项目，众多教师和研究生参与其中。每一个博士项目都对应一个研究方向：文学、电影研究、写作。每一个研讨会都有一组教师要介绍从20世纪90年代早期开始，博士项目所做的学术研究类型（有数据记录，例如论文题目），这些研究是怎么开展的（课程主题、博士委员会的教师意见）以及这些研究取得的特定成果（就业）。研究生院院长Erick Clark也就入学申请列表中受关注的领域作了报告，反映了院系的显著优势。通过这些介绍，使教师和学生们在了解博士项目事实的基础上讨论相关议题，同时也在不断改进中推动每个博士项目的发展：重新命名一个项目领域，以此表明教师聘用和专业知识的改变，建议研究生课程委员会作出改变，以及重新设计院系网站，使学生和其他用户可以更清楚和直观地了解目标和要求[7]。

我们想要阐述的观点就是数据作为一种"透镜"的重要性，但是"窗户"的比喻也同样与此相关。当自我审视教育项目以及收集关于它们在做什么和怎么做的系统性信息并分享信息的时候，它们不仅可以获得新的"透镜"，而且还打开跨区域学习的"窗户"。在学术研究领域，我们认为这种分享是理所当然的。数据就应该是被分享的，而不是保密的。它们是被不断建立起来的，而不是被隐藏起来。

到目前为止，在研究生教育领域还没有适用于系统性的跨教育项目比较的新方法[8]。但是这方面的研究已经初见端倪，俄亥俄州立大学的神经科学博士项目正致力于研究创新型的数据收集工具。在2005年的神经科学学会的会议上，他们展示了一张海报来解释其研究意旨："我们采用自我评估的方式，在俄亥俄州立大学通过使用神经科学和其他相关的学科的特殊表现方法（图3.1）来测试神经科学的范围和内容，从而用我们的教育项目和CID以及全国的其他项目作比较。我们将展示教育项目中通过定量分析形成的图和图标。"（Pyter等，2005）

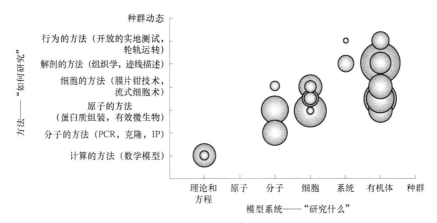

图3.1 俄亥俄州立大学神经科学博士项目的学生研究焦点图

他们从相关数据中生成了五幅不同的图,这些数据包括学生们的学科传承（学生获得学位的学科领域和学术"血统"）、出版模式、资助来源、师生的主要院系来源情况，以及学生们研究焦点的"地形图"（第五幅图详见案例 3.2）。这种图为俄亥俄州立大学博士项目的师生们改进提高本土教育实践提供了重要的"透镜"；他们利用博士项目图制作出了一张"流程图"，并发布在网站上，用来描述该项目，而且还修改了学生手册。但是这个过程中更重要的是打开了一扇"窗户"，而且引进了有用的比较："图让我们对俄亥俄州立大学和其他大学教师和学生的研究与学术'风景'之间有了视觉性的对比，而且在未来，这些图还将作为度量标准，用于跟踪神经科学专业的研究生从入学考试一直到毕业的专业技术和理念的发展过程。"（Pyter 等，2005）通过在全国会议上展示这些图，俄亥俄州立大学开启了一扇广阔的"窗户"。

案例 3.2 俄亥俄州立大学神经科学博士项目的学生研究焦点图

神经科学是一个跨学科的专业，共同的目标就是探究和洞悉大脑。研究员们可以研究不同的"模型系统"，这些系统尺寸大小不一，可以从原子和分子的层面一直延展到组织和人类的层面；同样，研究还可以以主要的研究技术来进行分类。在图 3.1 的描述中，这两种不同的研究分类方式，分别被安排在不同的轴线上。神经系统科学领域的研究项目覆盖了图中技术和模型系统交叉区域的大部分，但并不是全部涵盖。俄亥俄州立大学的博士生"绘制"了 21 个在 2005 年实施的学生研究项目，圆圈的大小表示项目的持续时间（大圆圈表明进行的时间更长）。

这张图表显示了博士生的研究焦点集中在少数几个领域——也就是院系的专业领域——而不是平均地分布在神经系统科学的所有领域。还有一张类似的图反映了教师的研究焦点，而且通过这两张图的对比揭示了不匹配性和需要填充的缺口。同样，其他的散点图可以描述一个高级研究员工作主体发展的变化、也在开展这项研究的其他机构、近期国家资助的研究项目，等等。

（作者采访 G.Butcher，2007 年 5 月 9 日）

高等教育界历来对比较性数据持有矛盾性的态度（比如，高校对《美国新闻和世界报道》大学排名的"爱憎"），而且"不让一个孩子掉队"这种评估指令可能会进入高等教育，也令人十分担忧。但是衡量标准和数据的公开或许可以为讨论和计划打开重要的思路；大学之间分享数据可以为院系反思打开新的"窗户"，从而促进教育项目生成形成性评价。作为这种互动的结果，哈佛大学化学系了解到，与其他院系相比，他们的课程非常僵化，而且作业负担重。使课程更加灵活是院系被要求全面整改的三大核心之一；新的计划已经"剑指"强化专业发展，使学生尽快过渡到研究阶段。（详见哈佛大学化学系的网页，《灵活的学生定制课程》，http://gallery.carnegiefoundation.org/cid。）

四、更好地设计，更好地学习

本章从博士生资格考试入手。资格考试常常被看作传递模糊性信息的典型例子，而这些信息又对专业的深度了解和博士生教育目标的了解很重要。那么在本章结尾，我们最好来探讨一下如何通过澄清目的、数据收集和深度思考来重新修正和改善资格考试，或许可以通过使用一套专业发展方案来做些改进。但是，首先有必要说明，资格考试是博士生教育的"关键一刻"。

参与 CID 的院系也认同深入思考博士生教育的目标和实践是有意义的，而且事实上，资格考试是使我们思考聚焦的"战略要地"。对于博士生，考试（或者任何名字）是课程研修和论文研究阶段的桥梁和过渡，或者换个说法，就是吸收知识和创造知识之间的桥梁。对于教师，考试就是一个栖息地，他们可以从此处仔细察看和了解博士生和博士项目。在资格考试过程中，可以展望也可以回顾，老师们询问博士生："你了解过我们想要教你什么吗？""你对接下来将要面对的事情做好准备了吗？"最好的就是，通过考试可以更审慎地评价一个博士生是否足够了解他将要从事的研究领域，是否已经为深度钻研并成为一名专家做好准备。

专业档案

就像美国大多数学校的历史系一样，堪萨斯大学历史系的博士生教育历来都有一个传统，在博士生开始准备着手学位论文之前，他们通过一次综合考试来考查博士生对这一领域的掌握程度。很多成功的学者都"挺"过来了，甚至在考试中得到成长，而且这种传统似乎很适合于这一领域。然而，在过去的几年，堪萨斯大学的教师们开始质疑这种传统所能发挥的持续作用。

首先，研究领域自身已经改变。一份院系文件中写道，"曾经所谓的'综合'

考试的确包含了全部关键的史学著作","但是,历史学的多样性和随之而来的二次文献的大量增长,不可能掌握全部的知识"(Levin 等)。在传统的"数据转储式"考试中,学生们被要求在严格的时间限制内答题,而且不能查阅书本或者其他文件,堪萨斯大学历史学院研究生部主任 Eve Levin 说,这种考试和"历史学家们所做的工作完全不一样"(Eve Levin,作者采访,2006 年 8 月 2 日)。综合考试还存在一些其他问题,比如有关考试的内容结构、管理和标准上缺乏统一性,而且即使是最优秀的学生,他们的考试结果也不尽如人意。

其次,院系的数据也表明了考试对博士生进步的负面影响。正如 Levin 所解释的,这对于博士生来说很明显是一个"减速阶段"。博士项目的正式学制是五年或六年,综合考试的准备期最好不长于一年。但是很多博士生花费的时间更长,而且严重拖延。院系数据显示,有时完成课程研修和完成考试之间会间隔两年半。Levin 坦言:"数据具有不稳定性,但是整体情况很确切。"

怎样改进呢?可以预见的是,教师们会担忧被其他领域的同行广为认可和尊重的传统规则被废除。确实博士生教育需要一种方式来证明博士生是否掌握了他们的研究领域的主题和方法,而且要确定学生是否为博士研究论文做好了准备。还有更好的方式吗?最终出现的解决方式就是建立专业档案,就是设计一系列的人为记录,专门用来帮助博士生记录他们作为新兴学者的履历。通过专业档案可以证明博士生是否达到教育目标(正如学生指南中所言),"博士生展现出他们对研究领域的掌握以及他们做好了从事论文研究的准备。学生头脑中要时刻谨记这个目标"。

博士生们在第一学期的博士学习中就开始"书写"自己的专业档案,详细的时间轴表明了在接下来几年的各个节点上哪些内容是需要创造和积累的。这个档案涉及个人的重点和兴趣,但是有些要求是必须记录下来的:一份博士生修过的课程单,博士生完成的研讨会论文,出版的历史著作,一份 15~20 页的专业论文(解释学生为什么选择这个专业领域,这些领域与哪些领域相关或组成一体,以及博士生对该领域主要研究问题的认识)。这个档案还包括一份学位论文说明、教学材料以及其他对博士生自身轨迹和目标达成情况至关重要的材料。在完成学业的最后一个学期里,博士生将专业档案交给委员会,并在随后的面试中做讨论。

这种档案尽管是一种新的尝试,但是已经有迹象表明这种方式已经为博士生和博士项目带来了切实的益处。有专业档案记录的博士生（新生必须建立专业档案，但是高年级学生可以选择是否转向新的考评方式）可以更快地完成学业。新生汇报说他们在选择攻读博士项目的时候会考虑建立专业档案。总之，博士生对建立专业档案的评论都是积极的。

从好的方面来讲，正如构想的那样，专业档案的安排反映了有效的博士生教育的几个重要原则。首先，它假定自我评估在博士生的专业生活中应该是持续性的和嵌入式的，而不是偶发性的。其次，它将部分评估的责任从教师身上转移到了博士生身上，并且是及早地转移。这样博士生承担更多的自我塑造的责任，习得反思和批判性的自我评估的重要技能，养成记录的习惯，这些都将有助于他们的专业研究生涯（Levin 注意到专业档案与晋升、任期档案有相似之处）。最后，专业档案也为博士生增长技能和培养思维习惯搭建了一种框架，也是脚手架，这对于毕业生未来职业发展大有裨益。凡此种种原因，作为传统博士生教育评估手段的替代，专业档案已经引起了关注（Cyr 和 Muth，2006，第 215 页）。

需要强调的是，专业档案已经成为堪萨斯大学重新振兴历史专业博士生教育的重要手段，其他手段还包括两项详细的"发展阶段网络"和"专业化网络"，描述了博士生在整个教育中所需要完成的发展阶段和任务（关于院系近期改革中的网络和其他方案，请见堪萨斯大学历史系网站，历史系，http://gallery.carnegiedoundation.org/cid）。该博士项目的所有相关者说，最大的改变就是院系让我们又有了新的自信，"知道我们是谁，我们正在做什么"。其他大学历史专业的博士项目也在使用专业档案，更是对这种做法的肯定。据 Levin 所说，杜克大学和俄亥俄州立大学也在探索这种方式，而且美国历史协会近期召开了一次以展示堪萨斯大学实践为重要议题的会议，会议吸引了众多感兴趣的参会者。在最终向 CID 提交的报告中，历史系写道："我们现在已经成为国家的衡量基准，是研究生教育领域的先锋。"作为 CID 的组织者，我们认为专业档案证明了数据和慎思探讨对于创造性变革的催化作用。

五、探究和论证文化

成为"学科守护人"应该是每一个博士生，也是博士生教育中每一名教师的目标。但是教师所承担的责任不仅仅是思索接受他们指导的博士生是否正在成长为"学科守护人",而且要思索整体的教育项目是否引领博士生成为"学科守护人"。具备培养"学科守护人"特质的博士项目,对其教育质量担负着集体责任,这样的博士项目致力于分享目标愿景,而且会创造时机和机制("镜子""透镜"和"窗户"),从而反思探究他们所做的是什么,为什么这样做,以及将来怎样提升。博士生教育不应该满足于"趣闻逸事"和"过往印象"(如"我指导的学生领会资格考试的目的",或者"我从未听说过学生需要对教学有更多的反馈"),博士生教育应该是创造一种探究和论证的文化,作为教育者,教师们可以将作为学者的习惯、技能和价值观带入教育工作中。

当然,每一个院系必须为调查研究和分析选择适合自身实际的起点。转型是一个很好的目标,因为很多现状的改变迫在眉睫。因此,CID 中有些院系选择将改革关注点放在第一年;其他院系则从职业准备入手,从研究生院之外的转型开始。在适当时机,很多博士项目反思博士候选人资格考试,并为此试验,但是这并不容易,而且在日程上也不是首要的事情。关键点就是任何起点最终都导向我对目标的思考,而且反过来,教育目标指引着博士生教育从起始到结尾的改变。关于教育目标的"艰难对话"是迈出第一步的基础,以此可以蔓延至很多不同方向。

正如卡内基基金会主席 Lee. S. Shulman 所言,"本身就有责任和机会成为一个专业的学者/教育者,尤其是对博士生教育所象征的学科负有责任",在这些责任当中最重要的就是"将我们的课程和课堂看作真正意义上的实验室或者试验场,并通过学术为提升和理解我们领域内的学习和教学作贡献"(Shulman,2000,第 157–158 页)。

注:
[1] 引自 Shulman 向卡内基教学促进基金会理事会提交的会长报告,此报告未出版(Shulman,2002,第 3 页)。
[2] 研究生院委员会(以下称"CGS")对考试的描述如下:"事实上所有大学招生都要组织考试,学生在完成一定的课程和研讨会后,都需要参加一次入学考试。这场考试会有不同的名称,大多取决于机构的传统规则(通常被称作会考、综合考试或者资格考试)。不论

它的名称是什么，考试的目的就是决定学生是否已经准备好承担独立的研究。"CGS的政策文件继续阐述道："在很多机构，学生在研究生的前两年处于'考察期'；到第二年末或者第三年初，当他们顺利完成了一系列的资格考核程序之后，他们会成为'准许者/候选人'……资格考察程序可能包括以下一个或者多个内容：正式的作业、语言考试或者其他研究工具的水平考试、综合书面考试或者口头考试，以及一篇或多篇研究论文，用于证明自己的原创研究能力。"（研究生院委员会，2005，第24-25页）

[3] 在博士生调查问卷里："在您所在的博士项目中，是否清晰地阐释了以下要求或者期望的教育目的？是否清楚资格考试或过程（成为博士候选人的必然要求）？"选项有"是""否"和"不确定"（如果非该博士项目中的博士生）。总计，74%的博士生选择了"是"，且不同学科之间的差异很小：化学为74%、教育学为66%、英语为72%、历史学为73%、数学为88%、神经科学为83%。这些数据引自后面公开发表的文章。

[4] 调查对象被要求采用5分制的方式作答，从1分代表"极度个人决定"到5分代表"所有教师的共识"。选择1或2代表"个人决定"，选择4或5代表"共识"。

[5] Graff已经使这些"混杂的信息"成为该领域研究主题的新经典。他的著作《文化战争之外：教学冲突如何复兴美国教育》（Graff，1992）不但深刻影响了英语院系，而且在高等教育领域都有广泛的影响。简单地讲，他认为，以政治和理论争论为重心的课程，应该将焦点放在讨论中，而不是一系列隐藏的假设，然后让学生自己解决。他最新的研究成果《无序的学术界：学校教育如何使精神生活变模糊》（Graff，2003）仍然是在研究这一主题，他向教师们建议了一些方法，可以使学术争论和论述的"动态"对学生来说更加透明和可获得。

[6] 内布拉斯加大学在数学专业女性博士生毕业和就业方面的努力已经出现明显成效。在十到十五年，数学系从以前十年内都没有一个女性博士毕业生，发展到入学的博士生中女性占40%~50%，在毕业生中占到40%。1998年，这个博士项目获得了由白宫颁发的科学、工程和数学卓越贡献总统奖。在时任系主任James Lewis的领导下，投入10 000美元的奖金，以进一步利用好当地的基金为数学专业的女性本科毕业生举办会议，自1999年举办以来，这项活动已经发展成为全国性会议，即内布拉斯加大学数学专业女性本科毕业生会议，该会议由美国国家科学基金会和国家安全局赞助，已经吸引了200多名女性毕业生参会。

[7] 关于匹兹堡大学英语系在创新性的自我评估和学生学习探究方面的努力，在关于博士生教育评估的书中讲CID的那一章中有更全面的解释（Golde、Jones、Bueschel和Walker，2006）。在匹兹堡大学英语系的网站上也可以找到相关数据，关于该专业研究方向的综合考试、专业要求、博士学位及其相关要求规定可登录网址：http://gallery.carnegie foundation.org/cid。

[8] 在美国，针对博士项目最综合的评估当属美国国家研究委员会（NRC）的定期评审。院系的学科排名结果被美国全国教师和管理者广泛使用，并不是所有的领域都包含其中，在2006年和2007年的评估中教育学科就被排除在外。

在1982年和1993年的评估中，定量测量包括教师的科研产出和获得奖项。博士生教育教师的学术质量和教育有效性的声誉排名也同样重要，此排名基于对博士生教师的调查。尽管这些排名可以测量教师的一些重要特征，因为教师是博士生教育中的至关重要的贡献者，但是名誉排名确实不能全面地评估教育质量。正如国家研究委员会指南指出的："声誉排名并不能说明教育项目的结构是什么样的，是否为博士生提供了一个良好的教育环境，或者毕业生是否对自己的工作职位满意……声誉排名不会把其他与'教师业绩质量'

相关的元素考虑进去,例如教师为培养研究生和本科生所作出的贡献,或者为院系、机构或学术界福利作出的贡献。"(Goldberger、Maher、Flattau,1995,第22—23页)

2006年和2007年美国国家研究委员会的评估,力求收集更多的直接反映学术质量和教育实践的数据。对于后者的测量包括机构范围内的政策和实践(例如健康保险)、教育环境(包括研究生完成学业时间和获得学位时间比例、教师和学生的多样性)以及教育项目层面的政策和实践(包括方向、对博士"候选人"的要求、教学要求、办公空间、参与专业学术会议的交通保障等)。除此之外,向英语、经济学、物理学、神经科学/神经生物学和化学工程五个专业的高年级博士生发送了一份试验性的博士生调查问卷。

第四章

从"经历"走向"专长"
——学者养成的原则

助理教授：全职，终身学术职位，具备公认的研究成果，发表过经专家审议的论文。具备实际的教学能力，并能承担起促进大学跨学科合作、提升学术团体参与度的职责。申请人将教授两门基础课程、两门本科高阶课程、本科生研究实践课，并自行设计、应用教学法，利用最新教学技术，为研究生开设专题研讨会。申请人需要提交个人简历、代表性的出版作品、对教学理念的见解、教学评价、三封推荐信，并提供能够证明开展的拓展学术边界的学术工作材料。我们诚挚欢迎学科守护人申请[1]。

二十五年前，对于刚毕业的博士生来说，黄金标准就是有重大的研究成果。而今，在招聘简章中（如引言中所示）可能需要"公认的成果""有出版作品"，并在教学领域有实际能力；在某些领域，还会要求要有管理外部经费的经验、有主持长期重大项目的经历等。与此同时，也就要求博士生教育能进一步促进博士生的创造力、团队协作能力、独立思考能力以及"坚持己见的勇气"（Bargar 和 Duncan，1982，第 13 页）。有业界人士担心博士生教育最终会使对本专业知识甚多但知识面窄的博士生变得对未来知之甚少，因此他们呼吁开展通识教育，从而更好地在生活和工作中适应当今这个高度融合和联系的社会（Stimpson，2002）。总之，当今的博士生必须准备好应对一个快速变化、高度流动、竞争激烈和专业要求度高的世界，无论是在学术研究、工业领域还是政府部门都是如此。虽然已经有如此高的要求，社会对博士和高端人才的要求每年仍然在提升。

从传统意义上来说，高等教育通过不断增加新的要素来满足就业市场对毕业生不断提升的期望值，例如为学生提供关于基金申请的写作工坊，关于撰写出版物的课程或者是关于"专业发展"主题的系列研讨会等。但是 CID 研究的核心结论就是在已经有丰富储备的人身上再增加一些经历并不会培养出当今社会，乃至未来社会所需要的专业人士。增加对学生的要求（正式或非正式的）会有一定的风险，要么很多学生会忽略这些要求，要么会导致学生获得学位的时间延长；而且附加的程式也会导致已有的要求被固化，更加难以改变。在学生多样化的趋势下，高校仍要培养出高素质的学生，盲目地修补教育要素并不能很好地应对这一挑战。社会结构和社会文化的重大转变需要培养出有价值的学者，这就需要更多的优秀教育者。

正如第一章中的内容所阐释的那样，"养成"就是初级实践者在学科学术和社会实践方面逐渐内化的过程。成为一位数学家（或者历史学家、神经科学家）需要深入了解这一学科领域的研究主题，学科知识是必不可少的，你还需要像"数学家（或是历史学家、神经科学家）那样思考"，也就是说必须把握学科主旨。但是这样还不足以成为一名学者，学会让自己化身为某一学科的成员，从而与同行展开交流，并践行学术道德标准，这些均是学者养成的重要部分。对于追求卓越的博士生教育，应重点关注创造性、责任心和领导力这些方面［关于以上的理论和实践是一个值得探究的领域（CID 始称为"研究教学法"），而且值得各个领域的研究者和学者高度关注］。

在本章，我们将提出三条关于学者养成的原则：① 渐进式发展（progressive development）：提升独立性和责任感；② 综合（integration）学习：将学术场域与外在环境综合起来；③ 合作（collaboration）学习：与处于不同发展阶段的同行和教师合作。例如，"学科守护人"，这些广义的原则适用于所有的学科和背景，正如我们在 CID 项目工作中所观察到的那样，这些原则帮助我们构建起了关于我们在前几章所倡导的理念的反思和探究。

我们提出这些原则的目的在于建立一种框架，这种框架可以将所有构成研究生经历的各种实践综合起来，从而推动学生更有效地形成专业技能。这一想法并不是要增加新的教育要素，而是为了塑造或者再造现存的教育要素，使其对于促进学者养成的教育更加有效。这些原则所反映的思想是关于人们如何学习的，而且"学科守护人"这一思想将贯穿本书。我们的研究的前提是博士生可以更好地在他们所受教育过程中受益，并且博士生教育要确保博士研究生毕业时可以快速成长为其应担当的角色。

一、渐进式发展

大多数博士生在博士生教育初始时往往处于"依赖"阶段，随后过渡到独立阶段，这时可以在原创研究和创造知识中担当主要责任[2]。关于这种模式可以谈论的内容有很多。进入研究生教育阶段的学生背景多样，而且某些学科领域的学生对自己所选择的学科知之甚少。很多学生将大部分时间投在"掌握学科和专业领域的基本知识，学习学科理论和方法以及与同行、教师以及导师构建联系"上（Lovitts，2005a，第140页）。这两个阶段的模式在专业教育中是并行的。一定程度上受卡内基基金会资助形成的著名的《Flexner报告》影响，医学院前两年主要是学习基本的课程，随后才会是更专业的临床工作（Flexner，1910）。但是当今越来越多的医学教育项目希望可以在一开始就将真正的实践纳入项目中，而且博士生教育项目也在努力找到这种双阶段模式的替代模式。这种改变以各种形式在CID项目中得以体现，具有重要的价值，因为它可以构建起学生的专业技能，而且能够使学生成为一个专业人士的难度、责任感和机会都逐渐增加。这样看来，这种趋势也验证了一句老话：如果你想成为专家（如果你想来卡内基大楼里工作），实践，实践，再实践！我们的第一条原则，渐进式发展，就是强调实践的重要性——它需要被指导、被重复、有目的性、自觉努力，它可以全方面地塑造一个学者的技能、习惯和性格，从而使他可以为自己的学科领域作出贡献。

（一）研究者的养成："及早起步"和"长期坚持"

在美国形成的一个广泛的假设是博士生教育在培养研究者和学者方面极富成效。然而博士生教育在将博士生培养成为全面的、富有责任感的专业人士方面做得还远远不够，CID的研究明确得出的一点结论是，这一假设需要我们批判地探究，或是需要我们质疑。卡内基对教师和博士生的调查表明大多数博士生在他们的学习结束之时，都可以具备较高的初级研究者的素养（见表4.1）。然而，我们还是被很大一部分没有达到要求的博士生困扰（或许这个数量可以达到博士生总数 1/4）。更进一步说，当我们问博士生他们所接受的教育应该在哪些方面给予更多的关注时，20%多的博士生的答案聚焦在研究准备方面[3]。2001 年的报告显示，不同学科的博士生在研究中担当责任的机会情况大有不同，而且大约有 1/3 的博士生认为学科作业并不能为开展独立研究奠定基础[4]。或许是因为大多数师生的讲述都源自 CID 召集的以培养研究者为主题的夏季会议，因此教师和博士生似乎都认同，博士生教育并不是构建在关于如何塑造研究者和学者的确切的理论基础上。无论何种学科，培养创造性和引导博士生提出好的研究问题都被认为是博士生教育中的一道难题。综合考虑这些情况，即使他们是在顶尖大学学习，假设所有的博士生在作为初级研究者时都可以受到优质教育是不准确的。

我们有理由相信，问题的本质和起因在不同的学科之间有很大不同。在自然科学领域，博士生通常很早就开始在导师的实验室参与研究，但是还有很多博士生无论早晚都没有机会去实践，没有机会开展一项原创性研究并独立设计研究项目。在人文社科领域，情况会有些不同。通常学位论文是第一个实质意义上的研究项目，而且从第三年或者第四年开始，博士生或许会因为缺少针对研究的学习和训练而苦苦挣扎。"直到我开始准备博士学位论文之前，我确实没有机会开展一个研究项目，可以融会贯通我所学领域的重要资源。"一位历史学科的博士生在 CID 的博士生调查中说，"这是一个很大的问题，因为我感觉几年的学习自己就像在'档案馆'中一般，需要一切从头再来。"

导致上述情形有诸多原因，但很清楚的一点是，博士生在独立性、创造性和主动性上并没有得到很好的培养，而且一直被拖延到第二阶段。从学习课程到独立学术研究的飞跃，使很多学生陷于困境，"他们被困在完成第一项重要的创造性的独立研究项目的'门槛'外，还没有做好准备，因为完成博士学位论文的教育经历并没有让他们去思考怎样开展原创性研究"（Lovitts，2005a，第 147 页）。进一步讲，关于在后一阶段才培养博士生的独立性的推论，会使博士生在面临最大的挑战时很难获得教师的指导和同行的支持。

庆幸的是，有些博士项目已经为博士生们提供了机会，从一开始就培养博士生的研究思维习惯和技能，起步早而且不断持续。如在本科阶段和中小学（K–12）

阶段开设以探究为基础的学习课程，而且这些课程将重点放在自己动手研究和团队合作能力培养上，区别于那些说教性的研究方法指导。这些都是很有价值的想法，在早期阶段就实施关于研究的教育已经成为一种趋势，而且盛行于很多学科领域。

表 4.1 博士生完成博士生教育时达到的研究水平[5]

教师受访者	较高的水平（4–5）/%	中等或较低水平（2–3）/%	不合格（1）/%	不明确或者不适用/%
提出较高水平的研究问题	76	16	0	8
独立分析和解读数据（或者文本）	76	14	0	10
熟练地应用研究技能	81	10	0	9
博士生受访者	较高的程度（4–5）/%	中等或较低程度（2–3）/%	不具备相关能力（1）/%	
可以设计和执行一项学术研究项目	75	24	1	
可以提出令人关注且值得探究的问题	78	21	1	

数据来源：卡内基博士生调查和博士生教师调查

在人文学科，这种新方式可以使学生们更容易地获取来自电子资源库的原始资料。杜克大学历史系已经重新设计四门核心课程，这也是他们参加 CID 项目的成果，如今入学第一年的博士生已经有了通过寻找和使用各种第一手资源亲自开展研究的经历。这项工作的成果之一就是"暑期研究申请书"：博士生使用第一手资源开展暑期研究生成数据，并可以在第二年使用这些数据完成两篇优质的研究论文。Susan Thorne 教授说："我们关注的是博士生优秀的书面成果，这也是我们从考试转变为专业档案认证体系的动力。"（参见 Susan Thorne 发给作者的邮件，2007 年 3 月 22 日）密歇根州立大学在数学学科教育方面的改进为我们示范了另一种关于亲自动手研究的渐进方式，这种方式建立在博士生教育的规模和复杂性上：作为改进后的博士生教育的核心要求，数学学科的所有课程都必须设置研究项目。这些相对较小的研究项目给博士生提供了机会，他们在第一学期就可以自己设计完成自己的研究并形成报告，这些研究项目还可以为以后博士学位论文的实践要求和前沿研究提供基础。除此之外，现在的数学学科的研究生教育包含了硕士学位阶段，这意味着博士生在获得博士学位的过程中也完成了一篇硕士阶段要求的研究论文（详见密歇根州立大学科学与数学教育分部网页，关于研究的系统培养，http://gallery.carnegiefoundation.org/cid）。

在博士项目中，有助于提升博士生研究能力的训练有可能是在正式课程之外。例如明尼苏达大学在神经科学的研究生教育项目，就是通过让学生在一个类似于休养所的环境下熟悉研究过程，它位于伊塔斯卡湖的生物野外试验站，让学生在暑期（正式学年开始之前）熟悉轮换研究的过程和团队合作项目。该学科研究生教育项目加大了对现有实验室设备的资金投入，教师和学生可以共享实验设备，学生可以不受教师资助的限制，独立地选择研究主题。（更多关于该教育项目的介绍请见第六章。）

伊利诺伊大学香槟分校数学系开展了一项暑期项目，就是为了促进从课堂作业到科学研究的关键性过渡。"研究生研究经验"（REGS）被研究生事务委员会列入2002—2003年度CID的讨论议题。2002年，21名第一和第二学年的研究生参与了各种不同类型的研究，形式是一两名研究生和一两名教师一起工作，组合方式是高度灵活的，有些人选择团队项目，有些人选择独立开展研究，学生通常会选择一位教师作为成员，但他并不一定是指导者（详见伊利诺伊大学香槟分校数学系网站，REGS，gallery.Carnegiefoundation.org/cid）。而且我们并没有假定该研究项目与学位论文有关，我们的首要目标就是增加REGS项目成员的"研究的成熟度"，其次才是指导教师和被指导学生之间的配对。在参与REGS项目中，那些不喜欢自己的研究领域或者指导教师的学生可以"避免出现中途换将的处境"。"REGS的优势就是它可以更充分地指向科研训练，而这是课程作业达不到的"，而且"从建立之初，院系每年都会资助这个项目"，教师成员John D'Angelo说。（详见John D'Angelo发给作者的邮件，2007年2月5日）。

综上所述，我们的观点是，将动手参与研究项目的经验及早地融入博士生学习过程中的方式方法有很多，而且这些方式方法应该是真实的和反复的，包括相对简单详细的任务、项目以及贯穿于学位论文之中或在学位论文之外的更复杂的、多层面的、独立的研究训练。这些科研训练的反复以及对学生成功的反馈，对于学生技能、自信心和独立性的渐进发展具有重要意义。

(二)教师的养成：从经历中学习

博士生在亲身实践中不断接受挑战的益处也适用于教学技能的习得和准备。当然，有些博士生可以获得完善的准备，但是更多的时候取决于博士生个人的自发性，而不仅是依赖博士项目的设计或是院系的义务。正如 CID 项目所揭示的对研究者培养的关注，这也是教学中显而易见需要关注的（见表 4.2）。在博士生的反馈中，大约有 1/4 的人对自身教学水平的评价都在下等或中等水平，这基本上和那些认为自己有判断力的教师的评价相一致。但是令人担忧的是，有 1/4 的教师认为他们不能评价自己的博士生的教学水平。而且当我们问博士生为了促进博士生教育的发展应该在哪些领域给予更多关注时，有超过 1/4 的博士生表示应该更关注在教学方面的训练和准备[6]。

这些数据进一步凸显出了在过去 15 年中大学博士生教育一直存在的问题。越是可以获得教学经历的地方，或许越是不作要求；而越是作明确要求的地方，反而不能保证相应的经历可以促进博士生对于教与学复杂系统的理解。正如其他复杂的实践一样，在教学中，更多的经历并不能自动转化为更多的专业技能。

很多博士生在自身成长为教师的道路上往往会在某一阶段遇到难题。例如，他们作为助教的经验可能有限，助教的职责只是局限在教育初期的一两年内负责为学生评分（例如在化学系），或者是年复一年地为本科生讲授入门课程（例如在英语和数学学科）。尽管有些博士项目特别重视培养国际学生的教学能力，但这种重视一般源于制度层面而不是博士项目本身，但是经常还是会因为语言问题而使这些博士生被隔绝在教学门外。在 CID 项目中，能在博士学位论文中表现出具备较高的设计、教授一门专业课能力的博士生的比例在不同学科之间有很大差别（见图 4.1）。或许这种自信（能力）与学生在研究生学习期间作为一名新手老师时是否有机会不断承担更多的职责相关（见图 4.2）。有些学科的博士生的经济支柱主要是助教奖学金，因而也正是这些学科创造了很多机会让博士生承担更多职责，我们对此并不感到惊讶，在教学法的准备中，这些博士生获得了实实在在的好处。

表 4.2 博士生完成博士生教育时达到的教学水平[7]

教师受访者	较高的水平（4–5）/%	中等或较低水平（2–3）/%	不合格（1）/%	不明确或者不适用/%
准备研究大纲	53	18	2	27
作业或者考试的评价	59	14	1	26
讲课	61	15	1	23
学生受访者	较高的水平（4–5）/%	中等或较低水平（2–3）/%	不具备相关能力（1）/%	
在教学中可以应用多样的教学策略	73	25	2	
可以设计和教授所在领域的一门课程	75	23	2	

数据来源：卡内基博士生调查和博士生教师调查

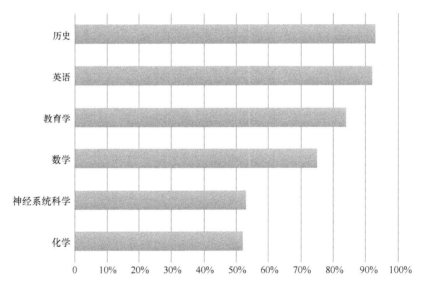

图 4.1 博士生在学位论文阶段所显示出的设计、教授一门课程的能力程度的比例[8]

数据来源：卡内基博士生调查

作为一名教师，要想构建自己的自信心和能力，就需要在技能和职责上保持持续的、渐进的发展，这和提升研究技能是一样的。博士生要想更容易地完成这

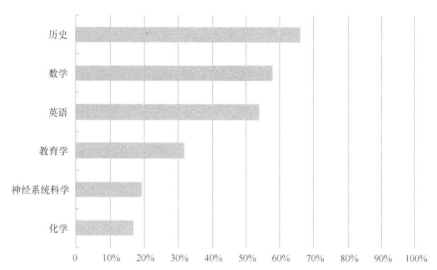

图 4.2 博士生在学位论文阶段获得更多教师职责的机会的比例[9]

数据来源：卡内基博士生调查

种教学技能的成长，就需要广义地理解教学，而不能仅仅将教学理解为"教室里的活动"，广义的教学定义包括在研讨会做展示、在会议上发海报和论文以及指导同辈人和本科生。当然，获得教学机会的多样性和数量取决于学科本身以及培养单位的类型。例如，虽然实验室的博士生说他们的机会有限，在第一或第二年很难有机会承担助学奖学金以外的教学任务，但是这些博士生在实验室环境下或许有更多机会练习做展示的技巧以及培养正式的师生关系。这些活动对设计教育样本或者教学活动是极其重要的，这样可以提醒博士生写论文、展示海报或是为他们的研究做"电梯游说"，以上都是基本的教学法。简单地将任务重新划归到"教学"而不是"研究"的范畴，为我们的成果打开了新的领域。管理者经常在修辞上倡导"探究"和"教授"二者之间加强互动联系，以上做法也是向研究生兑现承诺的一种方式。

当然，还有更直接的方式，在自然科学学科领域更利于学生教学专业技能的养成。例如，波士顿大学医学院解剖与神经科学系就是神经学科领域中少数几个要求博士生在有关解剖、神经科学课和细胞组织学课程中担任助教的院系。除了必要的助教培训和评价项目（包括使用教学档案），该院系的维萨里斯教育项目（Vesalius Program）在博士生学业生涯期间为其提供持续增加和强化的教师教学指导。该教育项目的教学培养始于"生物医学的教学理论I",在这门课上,博士生可以学习如何准备课程材料(教学大纲、概述、试卷、课程评价),学会如何根据不同的学习方式和场合选择效果最佳的教学方法,并且开始磨炼博士生做展示的能力。在完成第一阶段的课程以后,维萨里斯教育项目的博士生将会参加实习课,这是一门在教师指导下完成的教学项目,博士生在这个项目中"将理论转化为实践,并且和一名挑选出的指导教师合作。合作将采取以下的方式之一:大型讲课、小型讲座或是研讨课,提出一门新课"(波士顿大学医学院解剖与神经科学系,未注明日期)。博士生在完成这一系列活动后就可以晋升为讲师,并且在成为讲师后的学习期间仍然会受到教师的指导。

维萨里斯教育项目阐明了特定学科的力量——它可以将学科内容的精深性与教学技巧相结合,并且博士生有机会从本领域内教学经验丰富的教师那里获得指导和反馈。这一系列的活动贯穿于教育项目的始终并持续深化,而且博士生的学习并不会随着项目学习的完成而结束。这就是渐进式习得教学的典型案例,同时也是为博士生提供接触更多不同指导教师的机会的典型教育项目,我们将会在第五章详细阐释"多导师"这一主题。

(三)专业身份的养成

可以预见的是,实践对于博士职业生涯有重要的影响。博士生可能被安排主持学术研究项目,他们的主导性表现在构建整个学术工作的核心思路或者是主导教学和研究中新的、有前景的发展方向。有些博士还会被要求主导公共领域的政策研究、分析和决策;还有一些博士凭借自身知识和技能成为商界、非营利组织的领导。尽管领导力的培养已经融入工商管理项目的正式课程中,但是在博士生教育中对领导力技能的关注还是相对缺乏的。这也意味着,很多大学已经将此视为一个很有前景的新的发展方向(详见斯坦福大学研究生教育委员会的案例,2005)。的确,传统的学位服务的三位一体——校园、学科和共同体——为博士生的领导力发展提供了很多机会,并且遵循了教学和研究中渐进式实践的原则。

尽管教师们对此褒贬不一,但是大学的学术服务功能在博士生的成长中发挥了很重要的作用。正如一位历史学科教授在CID博士生教师调查中所提到的:"我十分赞同在研究生准备好时全面地参与到构成学术职业生涯的所有议题当中,让他们积极参与调查，从更广的范围内学习院系是如何运转的；所有这些对于博士生取得圆满的成果或者说是未来的成功至关重要。"担任院系委员会的研究生代表也在学术共同体层面为研究生提供了一个良好的环境，研究生可以通过学术共同体了解、学习学术政治以及教师领导力模型（包括正面的或反面的）。博士生还可以参与的与领导力相关的活动还包括学生组织的期刊俱乐部、研讨会和学术讨论会，包括 CID 这样的项目。

在更高的责任层面，博士生可以为学科服务，成为学科的领导者。这意味着博士生会担任会议提案、期刊论文、资助申请或是更多活动的评论员，这些活动可以构建、指向更强的独立性和责任。例如，教师可能会将模拟评论作为课程作业；下一阶段，研究生可能会与他人合著一篇真正的对期刊论文的评论；在"高阶阶段"，研究生可能会独立承担对会议提案的评论。博士生还可以担任会议中分会场的主席、应答者，或者是会议规划小组的成员。在这些场合中，观众数量更多，包括潜在的雇主，而且教育项目和博士生的声誉也在其中经受着考验。博士生一般都是在学习几年之后才会参加这些活动，而且博士生的导师在此过程中也扮演着重要的指导角色。

对于学术职业者而言，或许最具考验的舞台在于学术之外的领域，在此，博士生教育项目可以从历史悠久的本科生服务型教育项目中吸取经验。现实世界的环境是复杂的，也是重要的，很多博士生都渴望在这样的大背景下施展自己逐渐显露的才能。对培养"公民学者"的推崇在几所大学中都流行起来，以得克萨斯大学奥斯汀分校为引领（见案例 4.1），这种渐进式的学习方式，引导博士生更早地参与到学术共同体中，并且使博士生在可以获得高度支持和有效监督的环境下，逐渐在更大的舞台上更自信地担当领导者、合作者和专家。在这些活动中积累的积极有益的实践经验，有益于博士生承担职责，对于激励博士生完成学业、取得更高的成就大有裨益。

还有很多方式有助于博士生在参与学术共同体中提升自己的技能：有些聚焦在策略上，其他则强调调查研究中的伙伴关系。很多大学与中小学校（K-12）达成了伙伴合作关系，其中大多数大学通常是通过它们的教育学院与中小学校结为伙伴关系。在这些复杂的现实环境下，博士生最初通常是作为研究助理，随着时间的推移也可能在这些共同体中培养独立承担研究项目的能力（Berliner，2006，第 282 页）。亚利桑那州立大学的公共历史学科博士生教育项目就是采取这种伙伴关系路径取得成效的范例，该教育项目创建于 1980 年，已经构建起了稳定的体系，培养的研究生们在历史建筑保护、公共政治、文化产权管理、博物馆和图书馆研究以及学术出版等领域成绩卓越。该教育项目为博士生提供了全方位的课程项目，并且要求有 320 小时的实习；博士生还要参加短期课程，这些课程是由担任客座教授的历史学家授课；与此同时，院系还在建设新的公共历史学校友会数据库，从而将博士生领入更广范围的榜样和潜在指导教师的群体中。

案例 4.1　得克萨斯大学奥斯汀分校在知识创新教育项目中创造公民学者

在得克萨斯大学奥斯汀分校已经有成千上万的研究生通过知识创新教育项目（Intellectual Entrepreneurship Program，IE 项目）成为"公民学者"（citizen-scholars）。从 1997 年起，IE 项目已经帮助很多研究生凭借其学科专长在其学科和学术领域中创造了有意义的长久性影响。通过修学跨学科的学分课程（包括咨询、沟通、技术应用和创业）、实习、咨询服务以及教师和学生团体的行动研讨会等，学生们学会了利用知识助力社会公益。学生会面临挑战，构建自己的专业身份，能够成为知识创新者，从而可以在不同的领域创造知识和解决问题；在此过程中，很多学生建立起了自己在学术界内外的职业生涯愿景（Cherwitz 和 Sullivan，2002）。

IE 项目为研究生多样化发展打开了天窗。参加了 IE 项目的研究生预科实习以后，心理和交际专业的 Ana Lucia Hurtado 已经可以在实习中将自己的课程作业与职业理想结合起来，从而她将所投身的事业、知识兴趣和职业愿景合为一体（对于她来说则是律师、母亲和社会活动家）。对于本科生和研究生来说，IE 项目挖掘出了一种需求——可以反馈出学生自身的专业发展方向，这种需求或许对少数学生是尤为重要的。如 IE 项目的创始人、主任 Richard Cherwitz 所言："知识创新教育项目的精神似乎与少数、首批学生产生了共鸣并满足了他们的需求，他们通过这个项目获取到了资源，从而使他们的愿景更富成果。"（Hurtado，2007，第 50 页）

我们也可以将以上见解延伸到新的学位模型中，威斯康星大学近期已经推出了一项新的双学位项目，即将神经科学的博士学位与公共政策的硕士学位相结合。通过将两个教育项目的课程活动合为一体，研究生将成为双学位的职业人士，他们可以"确保科学的观点在政策程序中发挥重要作用"。项目协调人解释说："随着神经科学领域新发现的快速增长，对于主导公共争论和决策的技能的需求也随之增加。"（Brunette，2006）

有些教育项目不断强调公共服务和领导力是学者发展的重要组成部分，这些项目已经在学术氛围中选择了一种特殊定位，因而吸引了很多具有高度责任心的学生和教师。一些项目支持一年的国际学习，促使了杰出学者的视野已经超越了地域教育、社会或者产业环境的限制，这样可以让学生更好地面对日益全球化的现实（Elkana，2006，第 84 页）。这也是另一种在本科生教育（"大三出国"）中比较盛行的实践，或许在研究生项目上也会取得比较好的效果。目前，开展异域文化和档案研究的人文学科学生常常赴外交流，但是他们或许会发现自己与其他学者互动的能力受到时间、经费或者学校结构的限制。科学家偶尔还有机会在跨国合作实验室当学徒。的确，美国科学基金会（NSF）作为一家基金会机构，在它的很多部门中都提供国际交流的资助，这些资助主要是面向在美国和其他国家之间进行互访的研究者和学生。综上所述，鼓励和强化这种国际交流制度安排确实会带来诸多益处。

正如这些例子表明的那样，获得在多种场合、舞台学习和服务的机会具有极大的教育和塑造力量，而且应该向更多的学生开放。庆幸的是 CID 的博士生调查数据显示很多跨学科的博士生已经参加到社群服务活动中，如表 4.3 所示（博士生参加院系服务活动请见表 6.1）。然而不足的是，只有少数几个教育项目使用了渐进式模式用于发展博士生的领导力：从面向少数观众的舞台到大型的公共舞台、从相对简单的议题到复杂的公众政策的讨论、从参与到领导。研究生教育项目在塑造一个具备平衡稳定的专业身份的学者方面还有很多的发展机会和无限的潜力，将这些活动与研究、教学有机融合是在博士生日常繁忙学业过程中塑造学者专业身份的关键。

表 4.3　博士生在论文写作阶段参与社群服务活动的比例[10]　　　　　%

项目	化学	教育学	英语	历史学	数学	神经科学
参加与学科领域相关的公民性或者倡议类活动（编写法规、撰写建议书、提供证据）	5	21	16	18	2	7
给自己学科领域以外的听众作正式的演讲（校友会、公民组织）	16	35	18	28	12	22
参加面向公众的教育类活动（博物馆的展览、脑意识科学周、公共历史项目）	14	21	20	34	8	46
参加面向青少年学生或者本科生的教育类活动（学科专业日、辅导活动、读写项目）	31	46	28	31	35	39
至少参加一项活动的比例	42	65	50	59	40	69

数据来源：卡内基博士生调查

二、综合学习

为了以更加有条不紊的、发展性的和渐进式的发展原则培养学者的多重角色，我们需要重新思考那些用于支持博士生发展的奖学金、教学和服务的内在结构。还需要谨记的第二个关键原则是，在课程中应该融合以上几个发展原则，让博士生在单位时间内获取更多的学习资源，并且在每个领域都能更深入地学习。效率和效力并重的优势使得综合学习成为最大化构造博士生综合能力的关键策略。

综合学习究竟是什么？综合学习就是指博士生能够在不同环境下建立起联系的能力，而且随着时间——从一门课到另一门课，从一个学科到另一个学科，在不同的教室和共同体之间以及在教学、研究和学术服务中建立互相联系的能力（Huber 和 Hutchings，2004，2005）。当然综合学习还需要博士生具备将理论应用到实践的能力。最近的一项关于博士学位论文质量的研究得出结论：那些被评定为优秀的论文都"十分具有创造力和知识上的大胆探索。他们喜欢自己正在做的事情，并且充满热情，他们展现出了很强的好奇心和动力。他们跳进了一个新的领域,并将自己的想法从一个地方转移到另一个地方"(Lovitts,2005b,第19页),这些能力对于学者的成功都至关重要。但问题就在于研究生教育项目并没有充分利用这些已经存在的条件,并没有努力地促进这些联系。

(一)综合学习的时机

依托博士生教育中已经建立的结构要素,促进综合学习的方式有很多。例如,践行研究项目轮换制的博士生或许在学者的养成中就扮演了不止一个角色。轮换制最初运用在生物科学领域,这一策略主要是用于选择导师以及匹配博士生和实验室,以便博士生更易于匹配适合自身的实验室。在建立正式关系之前,导师和博士生之间的关系需要不断测试(就像是一个短时间的约会之于婚姻一样)。博士生需要在攻读博士学位的第一年完成两到三个研究轮换。大多数的博士项目提倡轮换期间博士生可以在学院教师中广泛选择。通常每一次轮换中,博士生需要工作6~10周,每周15~20小时,作为在实验室工作的表征,博士生需要完成一个小的研究项目。在理想的情况下,一次轮换规模的研究项目,应该让博士生能够做出真正的贡献,而且这些对那些新来实验室以及对子领域及其技术刚接触的新人来说也是可行的。尽管研究轮换制明确的目标就是促进博士生、实验室、指导教师之间的匹配,但与此同时,尤其对于那些正考虑将以上设计到博士生教育经历中的人而言,研究轮换制还可以达成一些其他的目标。研究轮换制可以促进实验室内部的合作,博士生充当连接的作用,也就是说,研究轮换经验建立起了人与人之间、思想与思想之间的互动关系,这也将会在博士生随后的工作中继续保持。研究轮换制也提供了博士生将研究和教学综合起来的机会,有些项目要求在轮换制结束时,博士生要根据自己的工作准备展板或者简短的展示,也给博士生提供了将自己作为一名研究者将自己的成果转化为学术报告的机会,这些报告会对其他人具有一定的意义。

然而,尽管研究轮换制听起来是一个好的想法,但是在一些具有实验性的自然科学学科上却遭到了质疑,如CID项目中化学院系所显现的那样,化学领域最畅销的报纸《化学和工程新闻》的一名记者解释道:"尽管(轮换制)在生物系甚至是生物化学系已经成为常态,但是这一观念在化学专业的教师和学生当中存在很深的矛盾。反对者们提出了他们的担忧,比如,如何让学生具有获得感。他们甚至认为轮换制或许没有什么实际意义,只是让博士项目无意义地延长。"密歇根大学化学系已经授权开展轮换制,而且据悉也不会影响到博士生的学习时间和学位。越来越多的博士生支持轮换制,或许因为"经历更为宽泛的教育可以带来学术上的成熟"(Everts,2006)。

研究轮换制在加强综合性教育经历方面是一种成熟的实践形式。就博士生个人而言,轮换制应该将课堂上的学习与亲自动手实践相结合。随着时间的积累,轮换制使博士生可以习得多种多样的理论途径和方法对策,从而也为博士生在开展自己感兴趣的研究时,创新性地解决问题奠定基础。当我们更加清楚轮换制背后的综合性意图时,所有这些目标都可以被进一步地顺利推动;反过来讲,这种洞察力需要细致地安排、检验轮换制任务,从而确保轮换制可以提供更宽泛的教育实践经验。正如"聚焦"到一个研究项目上对于博士生按时完成博士项目很重要,但这也同样会使我们忽略了广泛涉猎各种理论、方法以及分支学科对于博士生早期学习的价值。

在人文社会科学领域,要通过轮换制实现综合性目标,可以采用"明星大游行"(parade of stars)课程,这门课上每位老师每周都要展示自己的研究,或者是一系列的研讨课,博士生可以"选购"一名导师和一个研究主题,在这种环境下,研究方法和内容是公开的。然而,倘若通过进一步明确综合性目标,这些教育经历可以更加富有成效。例如,博士生如果能与三位或者四位教师以及他们的学生面对面交流,可以作为另一种理论视角的探索。

综合考试或是资格考试是另一个体现现存的教育要素如何为综合式学习服务的例子。这类考试通常会让博士生证明他们对自己研究领域的综合理解,也就是将他们所学到的知识汇聚在一起,形成一个清晰的、累积式的陈述。我们注意到有一个有趣的变化,在有些神经科学的博士生教育项目中,会要求博士生为某一领域的研究准备一项正式的基金申请书并为此答辩,但是这个领域要不同于他们的博士学位论文。设计这项任务是为了拓展学习的广度和多样性,因为博士学位论文基本都是依靠划拨给教师的基金的支持,或许这也是锻炼博士生撰写基金申请书的唯一机会。将理论转化为实践的能力——例如通过写研究提案——也是综合性思考的特点之一。资格考试和学位论文答辩也是对这项能力的重要考核方式,这些要素可以设计成形成性评价,帮助博士生建立联系,也可以是总结性评价,考核博士生所能达到的水平。

在第三章我们讨论了综合考试的另一种变化:堪萨斯大学历史系建立了"专业档案"制度;印第安纳大学英语系正在试验将专业档案制作为对博士生更加全面考察的一种方式。基于他们在专业档案制方面的经验和成功案例,教师们每年根据博士生的研究成果建立综合性专业档案式评价,这会鼓励在校博士生反思他们在博士生教育项目中所取得的有规律的阶段性进展。这项要求可以达成很多目标,包括创造一个契合实际的、非惩罚性的考察性评价;促成更加有规律、统一的建议;也为对学术、写作和教学法进行长期的反思创造一个机会;激励博士生将教学、研究和服务等领域的工作更深入地综合起来;鼓励博士生对自己的专业养成担负起更多的责任,并且让博士生不断满足任教的要求。根据学院的要求,"专业档案和年度考察会议是博士生自我评价的重要机会。博士生在向教师展示和讨论他们的工作时,也是他们展现自己是一名有追求的专业人员的时机。在这些会议中,教师主要扮演指导者的角色:通过提问让博士生澄清自己的目标并提供指导等。实际上,很大程度上教师在构建的问题,也正是我们希望博士生回答的问题"。最重要的是,档案以及相对应的考察也是博士生自己"将碎片拼合起来"的机会(CID 委员会印第安纳大学英语系,2004)。

在参与 CID 项目的院系之外,还有另一种完全不同的促进联系的模式,也就是 I-RITE——将研究融入教学环境(Integrating Research Into the Teaching Environment)。该项目是由斯坦福大学发起的,主要是为了帮助年轻学者可以向更多的大众(包括研究生、赞助者、政策制定者以及业外人士)更具信服力地宣传他们所从事的研究的重要性。"电梯游说"(Elevator Pitch)需要将特定的研究与大众的关注点相结合。正如该项目的官网上所写,这些人员需要综合性、宽基础的思考能力,但与此同时也伴随着大挑战:"那些不能以易于理解、通俗的方式清楚地阐述自己观点的个体研究者,在做职业演讲时、写申请时、与媒体交流时以及在其他专业的和个体的环境下都会遇到问题。"该项目要求研究生在开始做学位论文时,都需要对他们的研究写一篇简要的介绍,该篇简介将会纳入该领域的本科生教育入门课程中,并且网上的同行评审专家将会提出修改意见。自 1999 年建立以来,该项目已经吸引了全世界 400 多所大学的研究生、博士后以及教师；与此同时，它还逐步融入了 I-SPEAK 的元素，并与美国国家传播协会（National Communication Association）建立伙伴关系，旨在学习专家是如何将复杂的信息传递给普通观众的（斯坦福大学传播研究中心，2007）。

（二）综合性学位论文

近几十年来，关于博士学位论文的有效性的争论日趋激烈。对于博士生来说，博士学位论文的评价标准不明确；教师也抱怨道，理念构思、写作水平以及完成度都很差的博士学位论文通常却可以通过，这只是对教师的要求作出让步，或者只是为了让博士生走出校门（Lovitts，2007）。大家都认识到很多博士学位论文难以转化为有用的、公共的学术成果，一位学者嘲讽道，大多数的博士学位论文犹如"John Brown 躺在图书馆这座坟墓中腐朽"（Tronsgard，1963，第 493 页）。一个博士生的低质量的博士学位论文无论是归因于缺乏写作技巧还是粗浅的见解，冗长的评论都可能呼应了以下的总结："作为一项学术实践，博士学位论文成为博士生向教授展示他们已经充分掌握了所研究领域的工具。博士生们疲于应付详尽的文献综述，陷入冗余杂乱的脚注中，甚至将语言转化为答辩式的、含混的、呆板的散文语言，现在他们将此当作学位论文。"（Olson，Drew，1998，第 59 页）

然而，博士学位论文仍然被稳固地定位为博士生教育中的"顶峰"经历。完成博士学位论文的重要过程需要综合很多方面；不管是何种内容和形式的学科规范，博士学位论文都要求博士生将理论转化为行动，展示出多样性的能力，并且展示对所研究领域内先前的学术成果有全面的理解；而这些与博士生对研究技巧、研究内容的掌握程度紧密相关。但有一个问题，这样是否有可能让这种"顶峰"经历成为一种更强有力的综合多维职责的时点？

对于这个问题，密歇根大学化学学科博士项目的反馈是肯定的。该项目博士生可以通过化学科学教育交互界面（CSIE）体验教学和学习方面的学术成果，CSIE 是一个为追求学术事业的学生成立的跨学科团体。博士生在完成课程和项目学习时获得的支持远远多于他们的同事，让他们可以将新兴领域——化学学科教学与学习——综合到自己的化学研究中。在教师的职业生涯方面，例如写提案、创作和同行评审程序等方面，除了有研讨会和学习工作坊以外，他们所有活动的核心就是设计、执行、评价和记录教学课题。这些项目是通过和化学学科的教师们一起合作完成的,而通常教师们感兴趣和追求的改革或者创新项目,如果没有他人协助是没时间或者精力独立完成的(密歇根大学化学系,2001)。

我们需要特别注意的是,这种模式并不是只会影响研究生。教学发展团队通常是跨代的(就像研究组一样),包括本科生和研究生合作者。在密歇根大学,加入新开设的或是修订的课程的博士生也会直接从这些活动中受益。然而,最值得注意的是,以上活动如何开始和博士生教育要素联系起来,特别是和博士学位论文相关的研究经历联系起来。

2005 年夏,在卡内基基金会举办的 CID 会议中,密歇根大学化学系团队中的一位成员展示了一篇 2003 年的博士学位论文的内容目录,该论文作者是 Ryan Sweeder,后来他成为密歇根州立大学的一名教师。这篇博士学位论文的题目是一个令人惊讶的组合式的主题,是一对"古怪"的学术配对:"锗烯与酮的新反应以及对于普通化学实验室的评价"。正如 Lee S. Shulman 观察到的:"密歇根大学化学系要求博士生必须提交一篇融合实验室科学和教育科学的论文,而且还要被学院认可,这种理念着实令人震惊。"(Shulman,2005,第 1 页)总之,Sweeder 的博士学位论文就是一项"现存证据",他证明了学位论文的题材可以更具综合性,可以更包容地、灵活地将化学实验室的工作与化学课堂中的实验结合起来。

正如这些例子所表明的,综合性既是一个伟大的理念也是可以达成的目标。它通过循序渐进的教育经历,帮助博士生将自己的不同层面的经历连接起来,使专业学者在日益变化的知识领域中能够敏捷地、创造性地应对今天和未来。

三、合作学习

渐进性发展和综合学习能够促进学者全面的学术能力和深厚的专业技能得到同步发展,但二者也仅仅是学者养成的重要因素的两个方面;CID 项目的评论者普遍要求培养单位要培养博士生的合作能力,他们认为这是 21 世纪必不可少的能力。而博士生教育中强调专业化和个人努力(独创性和独立性),以及在学术事业中追求个人成功,这样助长了学术竞争的个人主义文化,阻碍了博士生以及其学识的发展。当前更困难、更大也更复杂的研究问题都需要多层面的观点和合作,学会合作至关重要，不容忽视。

博士生教育中合作学习的机会

虽然博士生学习需要独立性，但是诸多学科领域也创造了机会、制定了策略，以使博士生们以及其他人员联系合作起来，并创造了相互之间合作学习的重要形式。在 CID 项目的会议中，我们发现，以下的方法、案例在某些学科领域已经司空见惯，但是在其他学科领域还不被熟知，这些做法有助于跨学科的有效交流。以下每一项要素都可以被有效地运用，从而发展长期的博士生合作学习的习惯和能力。

1. 期刊俱乐部

在自然科学学科，期刊俱乐部的形式最为普遍。期刊俱乐部表现为阅读小组，定期召集大家讨论近期学术期刊中的论文。这些小组的成员通常是多代的，有教师、博士后，还有高年级研究生和新生研究生；他们都被平等看待。通常，他们会以特定的主题把大家组织到一起。例如，威斯康星大学神经科学博士项目最近赞助发起了此类期刊俱乐部，主题包括"轴突向导""大脑与行为""神经细胞的死亡与存活""大脑缺血损伤""发射机、电路和可塑性"等；每次活动都围绕一篇文章，这篇文章的选择通常依据文章的发表影响力以及参与者的兴趣。

期刊俱乐部通常每周组织一次活动，每次活动一小时。每周都有不同的人向小组展示他所选的论文，尽管期望每个人都已经提前读过。分享论文有一个标准模式：概括说明论文——将论文置于专业领域背景中分析——从小细节描述论文的研究方法，从而使每个人都能理解而不会迷失于大细节中——解释论文的重要性——评论论文（数据和分析是否经得起审查，是否有相互矛盾的假设等）。讨论针对论文的全方位评价：论文的亮点和不足之处，论文如何扩大了研究领域的影响力、工作成果的可应用性以及就目前的发现还有哪些问题需要回答。

期刊俱乐部表明了合作的力量，可以使参与者始终紧跟研究领域的前沿发展——毕竟这对所有学者都是必不可少的。除此之外，这些期刊俱乐部还打造了一个学术共同体，从而可以使博士生习得学术交流的范式。大多数自然科学学科的博士生都希望他们在学业期间能多参加几个期刊俱乐部，这些经历教会了参与者能够比较不同观点、争论不同之处、尊重不同意见，并且能换位思考——无论在学术界内还是学术界外，技能和习惯对于成功的合作都至关重要。

2. 论文写作小组

论文写作小组是另一种有效的合作学习和同辈指导的方式。人文社会科学领域的博士生尤其是在博士学习的后期阶段通常会依赖论文写作小组来避免孤立。小组成员每周见一次，一到两个小组成员会展示他们的写作成果，从而在每次会议中获得详细的反馈。期刊俱乐部是跨代的，而写作小组通常是由基本处在同一阶段的博士生组成的。

尤其有益的是，论文写作小组为尝试新的想法、面对学术考验以及分享初期学习提供了一个舒适的平台。成员之间相互的责任——这周你给我反馈意见，下周我阅读你所写的章节——教会了博士生提出建设性批评意见的习惯，从而促进他们的学习，甚至提升小组的集体智慧。这样的论文写作小组也可以有效地吸纳教师成员或者是外请的演讲者。最有名的一个例子就是，芝加哥大学为教师和研究生开设的一年期的**研究生研究工作坊**（Graduate Research Workshops）。二十多年来，这些工作坊已经成为大学人文社会科学领域师生学术生活的组成部分；这60多个工作坊，为教师和博士生定期分享彼此的学习、工作提供了机会，其中有些工作坊已经持续了十年（芝加哥大学，未注明日期）。

尽管获得坦诚的反馈意见会让人有压力，同行也会有比较犀利的评论，但是参与者得到的收获却超过自己的付出。论文写作小组也可以使成员在非个人的和匿名环境中获得情感的支持；小组成员成为同事，可以彼此发泄情绪，获得支持、鼓励和慰藉。总之，论文写作小组成为成员间合作完成各自项目的共同体，并且在此过程中不断获得和给予反馈意见。

当然，论文写作小组也主张成员聚焦于个人工作，而且通常论文写作小组限定为同一领域的同行参与组成。在某些条件下，跨学科小组也开始成立。有些大学也开始尝试新的模式，就是让众多学科领域的博士生联合成立写作和讨论小组，主要是为了促进博士生创新性和创造性思维的养成，同时也期待有合作项目的产生。在 CID 项目之外，纽约大学艺术与科学研究生院就是这样的范例。纽约大学发起了研究生论坛，以此"鼓励跨学科的学术知识和道德问题的探究，研究学科基础，并且尝试将基础研究转化成为一种让广大受众都可以理解的语言，同时又不会过分简化"。论坛的成员有院长和从大学的各个校区选出的 10 名硕士和博士研究生。成员会有两年的学术期，而且要具备"创造性思维能力，为跨学科研究作贡献的能力，以及对教育领域新技术的兴趣"（纽约大学，2004）。在每个月的餐会上，论坛成员轮流对他们的工作做正式的展示，随后小组成员展开跨学科讨论。

如果合作学习的目标是拓展博士生知识和理解力的边界，那么探究跨学科学习如何能成为合作工作的基石就很有价值，而且合作工作比单独创作更有意义。的确，在有些学科领域，署名为多名作者的期刊文章往往都是学位论文。

尽管是在人文学科领域，这些举措也还没有得到普及，但更广泛的合作趋势正在挑战学位论文应是单独的、个人完成的工作的传统观念。斯坦福大学英语学科教授 Andrea Lunsford 预测了未来：

尽管博士生应该选择一个小范围的、高度明确的主题（如：18 世纪写作的革新以及早期现代女性的萌芽和发展——基于对两名 20 世纪 30 年代女诗人的研究），他们还需要有机会参与到需要一个以上研究者的项目中（如：要求有流利的多种语言能力、具备数字媒体的专业知识、能将两个或多个学科结合起来的能力）。合作完成学位论文对我们的想象力和组织能力将会是一个很大的挑战……但是也不是不可以想象（Lunsford，2006，第 366 页）。

四、结语：原则和必要条件

CID 项目的工作已经使我们相信在本章所阐述的三大原则框架可以推进博士生教育的重大进步，而不是增加新的要素来增加博士生学习时间和获取学位的时间，也没有进一步加重博士生和教师的负担，而是通过更充分利用已经存在的教育要素，重塑博士生教育的"常规"工作，使其更先进、更综合，有更强的协作性，是使博士生教育更有成效和效率的重要途径——而且也让博士生获得更权威的信息。这种理念提升的实现伴随的是两大必要条件。

第一个必要条件是教师。在过去的几十年里，"大脑科学"领域关于学习者如何从新手成为专家的主题的研究成果已经很多；专家并不意味着知道更多，而是他们的知识结构更有体系。他们已经高度建立起自己的"模式"（schemas），这就使他们可以用已有的知识结构快速、准确地解决一个个新的问题；这些"模式"是通过反复练习并加之有目的性的反思和自我检验发展而来（Bransford, Brown 和 Cocking, 2000）。教师有责任熟知那些能引导博士生将自身经历转化为专业技能的新兴原则和思想；而且他们有责任将自己研究中探究和论证的习惯，引入他们与博士生的学习工作中；并且要拷问博士生是否达到了教育目标、如何才能更好地完成这些目标。这种自我检验、深入思考和不断提升的意志和努力，或许正是 CID 项目的核心思想所在，而且在这一章中所列举的渐进性发展、综合学习和合作学习原则为达成核心思想打开了一扇"天窗"。

第二个必要条件是博士生。在过去几十年，关于初级学习者如何将理解能力和行动力发展到高级阶段的研究中，一项重要的发现就是专家级学习者——那些在自己的职业生涯中不断成长和发展的人——对自己如何学习有着敏锐的感知力。"如果博士生想在完成正规教育之后还能不断提升自己的能力，他们就必须塑造自己的学习模式，也就是诊断他们需要提升什么，找出自己所需要的行动和计划，并且监控和评价整个过程。"（Van Gog, Ericsson, Rikers 和 Paas, 2005，第 78 页）虽然教师有责任设计博士项目的构成要素，从而创造出丰富的学者养成经历，但是博士生也必须在学习中有责任感、主动性、目标性。本着这种精神，在本章中所提出的三个原则——尽管这并不是唯一能从关于学习和专长的研究中提取的要点——但或许可以引导博士生走好博士之路。

当然还有第三个必要条件：切实的提升必然是一种合作模式，教师和博士生是真正的合作伙伴。教育是错综复杂的，深入个体受教育的过程中，教师和博士生之间互动的质量高低，至少和博士项目的规范化设计和要求一样重要。因此，在下一章，我们将回归到人与人之间的学徒式关系，这是博士生教育中长期存在的一个传统，并且可以通过学者养成原则得到有力的重塑。

注：
[1] 引言是基于众多不同学科和背景需求的工作招聘海报归纳的，其中最后一句话是对 CID 项目的呼应。
[2] 大多数的研究将研究生的学习分为三个阶段：第一阶段为第一年常规学习阶段；第二阶段

为研究生预备阶段；第三阶段为学位论文写作阶段（Bowen，Rudenstine，1992；研究生院委员会，1990；Lovitts，2001；Tinto，1993）。在 CID 的研究中我们也对研究生沿用了类似的分类。不同学科在第二、第三阶段的期望和持续时间大有不同。作为研究生教育研究的杰出学者，Barbara Lovitts（2005a，第 140 页）指出："在有些学科领域，在依赖阶段仅仅关注参加课程学习；而在其他有些学科，尤其是自然科学学科，依赖阶段综合了课程学习和紧密的研究指导或者管理。"

[3] 博士生调查要求受访者在 21 个选项中选出 3 个博士项目需要多加关注的领域。对于学位论文准备阶段的博士生，他们已经对自己的项目有了比较全面的了解和体验，在"设计和实施一项研究或者自己设计学术研究的能力"这一选项中，化学专业有 31% 的博士生选择了这一项，教育学是 30%，英语是 7%，历史学是 10%，数学是 21%，神经科学是 26%。

[4] At Cross Purpose 针对 4 000 多名博士生进行了调查，受访者来自 11 个学科、21 所大学。研究发现很多博士生都不相信他们有机会"在研究中可以逐步承担更多职责"。总之，在人文学科有 1/4 的博士生表明有这样的机会，在社会学科、生物学和物理科学有一半的博士生也表示同意上述表述（Golde 和 Dore，2001；表 W-3 和具体分析）。30%～40% 的博士生受访者对于"课程作业给他们独立完成作业打下了坚实的基础"持否定态度（Golde 和 Dore，2001；表 W-16 和具体分析）。

[5] 对博士生教师的调查要求他们"请以您作为第一导师或者学位论文委员会成员指导过一位学生为典型，评估其获得博士学位论文后在以下做研究方面的熟练程度"，要求受访者用 5 分制来评分，从 1～5 代表了从不具备到优秀，还有一个额外的选项是"不知道或者不适用"。在此表中，4 和 5 统一代表较高的水平，2 和 3 统一代表较低和中等水平。

博士生受访者被要求回答："博士生教育项目在多大程度上提升了你在以下几个方面的知识、技能和思维习惯？"受访者需要用 5 分制来回答，从 1～5 代表了从毫无影响到有很大帮助。在此表中，4 和 5 统一代表较高的水平，2 和 3 统一代表较低和中等水平。

[6] 博士生调查要求受访者在 21 个选项中选出 3 个博士项目需要多加关注的领域。对于学位论文准备阶段的博士生，他们已经对自己的项目有了比较全面的了解和体验，在"设计和教授自己学科领域的一门课的能力"这一选项中，化学专业有 28% 的博士生选择了这一项，教育学是 25%，英语是 22%，历史学是 29%，数学是 23%，神经科学是 42%。神经科学的博士生对此项的选择率超过了其他任何选项。

[7] 对博士生教师的调查要求他们"请以您作为第一导师或者学位论文委员会成员指导过一位学生为典型，评估其获得博士学位论文后在以下教学方面的熟练程度"，要求受访者用 5 分制来评分，从 1～5 代表了从不具备到优秀，还有一个额外的选项是"不知道或者不适用"。在此表中，4 和 5 统一代表较高的水平，2 和 3 统一代表较低和中等水平。

博士生受访者要回答："博士项目在多大程度上提升了你在以下几个方面的知识、技能和思维习惯？"受访者需要用 5 分制来回答，从 1～5 代表了从毫无影响到有很大帮助。在此表中，4 和 5 统一代表较高的水平，2 和 3 统一代表较低和中等水平。

[8] 博士生受访者被要求回答："博士项目在多大程度上提升了你在设计和教授自己学科领域内的课程所需的知识、技能和思维模式？"受访者需要用 5 分制来回答，从 1～5 代表了从毫无影响到有很大帮助。4 和 5 统一代表较高的水平，2 和 3 统一代表较低和中等水平。图 4.1 反映了所有在学位论文阶段博士生的调查数据。

[9] 博士生受访者需要回答："在博士阶段的学习中，参与了哪些教学活动？并且在哪些持续的教学机会中不断提升了职责（例如从阅卷人到部分项目负责人再到独立的指导者或者从

实验室助理到实验室负责人再到实验室发起者）？"图 4.2 中的数据反映了博士生在学位论文准备阶段给出的肯定回答的比例。

［10］博士生受访者需要回答："在博士学习期间，参加了以下哪些与你的学科领域相关的社群服务活动？（勾选所有你参加过的活动）"表 4.3 反映了每个学科领域在学位论文准备阶段的博士生给出肯定回答的比例。

第五章

重构学徒制教育模式

> 如果在研究生教育中,教师和博士生之间是一种松散的、非正式的学徒制和导师制关系,由此带来的混乱和噩梦足以让各个层面的副院长都失业。将研究生教育塑造成构建联系、相互合作和探究问题的自由空间,从行政管理角度来说,是绝对不可接受的。这样一种模式想要得以运行,就唯有相信教师会在这种自由环境下重新思考自己作为教育者的角色,构想出相应的训练方式。
>
> ——Peter Brooks[1]

博士生教育最重要的、最有特色的特点之一就是很多重要的教学和学习是在博士生和教师一对一的学徒制教育模式中发生。一些思想传记和退休回忆录给优秀的导师们提供了强有力的证据。这一类思想的传承如此重要,以至于很多博士生都在个人简历中列出了博士学位论文导师的名字,证明他和这位导师属于同一"学术血统"[2]。由此,可以毫不夸张地说学徒式指导就是博士生教育的"标志性教学法"(signature pedagogy)[3]。

教师为"师傅"、学生为"徒弟"的亲密工作关系的传统可以追溯到中世纪行会文化,早期的大学也是如此,而这种关系不是研究生教学和学习的唯一形式。在美国大学里,研讨会和实验室里的"肩并肩学习"(elbow learning)无疑是研究生教育教学的主流方式[4]。历史学家 William Cronon 证明了学徒制持久的力量:"这种师傅和徒弟的关系是最适合博士生教育的……当这种关系发挥作用,就会创造可以持续一生的强烈的私人关系。我们都知道有一个慷慨的、能启发灵感的导师对我们的成功是多么重要。导师对我们的付出和情谊我们永远也无法偿还，只有更加努力地工作，像导师给予我们一样去给予给自己的学生。"（Cronon，2006，第346–347页）

正如Cronon所言，"发挥作用"的关系是非常好的。这种说法冲击了Darwinian的"成败论""优秀学生自我成就论""高压考验论"等论调。但是，如果这种师徒关系不好，结果会非常可怕。最坏的结果可能导致谋杀或者自杀，更常见的问题是会导致学生流失和学生丧失对所学领域的激情和热爱。的确，学徒制模式也有其消极的一面。

举例来说，学徒制希望构建能够"巧妙地强化社会和知识整合"的指导模式（Damrosch，2006，第39页）。我们从参与CID的化学家那里了解到，普遍存在博士生同一名教师以及教师正在进行的实验室研究紧密联系的教育模式，意味着博士生可能直到毕业都无法制定他们自己的研究。更糟糕的是，学徒制常常意味着博士生完全依赖一个无知、只按照惯例指导博士生或恶意忽视、虐待和利用博士生的指导教师。《高等教育纪事》杂志中阐释了许多关于导师的故事，有的导师希望博士生做自己私人的事情，有的导师在感恩节给实验室打电话看哪些博士生还在工作，有的导师挪用知识产权甚至有更严重的事情发生。传统的师生关系往往伴随着传统的教师自主性，让博士生感觉当师生关系恶化甚至他们遭受虐待时没有追索权。由于隐私文化延续至今，部门领导和教职员工不愿介入这些师生关系失控的情况。另外，那些有良性师徒关系的学生常常以"幸运"自居，突显出自己获得高质量的建议和指导几乎是随机的和偶然的。而对于博士生来说，获得高质量的建议和指导绝不应该是靠运气的事情！

传统的学徒制提供了很好的经验，但从长远发展来看，博士生教育必须思考一个问题：在21世纪，这种学徒制的模式是否是学者养成的最佳途径？答案是否定的。即使在最佳状态下的学徒制模式也没有达到学科对于培养学术研究者的要求。

我们寻求的解决方法不是放弃学徒制的模式，而是改变并监督学徒制的方向，使之更符合当今博士生教育的愿景，使之能更好地结合已知的方法来促进学习。这里涉及我们都知道的一个语言问题[5]，学徒制的解决方式只是一个词语（介词）

的转变：从博士生作为一名导师的徒弟学习（apprentice to）的模式转化为博士生和多个教师一起学习（apprentice with）的模式。因此，根据 CID 的见解，本章探讨了这一转变可能需要什么，然后介绍更多学徒制的基础概念，并重新考虑学徒制在博士生教育中的作用。

一、学徒制的特征

设想博士生教育的学徒制同导师和指导教师紧密相连，教师和学生在教师办公室交谈是常见的典型场景。但是在我们的视角里，学徒制应该被理解成像学习理论一样宽泛的概念。学徒制应该在博士生教育的方方面面进行渗透和强化，无论在课堂上、实验室课程中、教本科生过程中、研讨会中、办公室会议中，还是在走廊交谈的过程中。与 Darwinian 提倡的主要为博士生提供一些指导方法的博士生教育形成鲜明对比，学徒制教学法需要学生和老师的共同参与。学徒制主要有以下五个重要特征。

（一）意向性

学徒制教学法需要让各方面的学术和专业知识变得明晰，但这是非常艰巨的目标和任务。要达到这个目标，需要教师不但是行业专家，而且能够充分理解专业知识并将其概念化，且能够将整体知识分解成各个单元，帮助博士生更好地理解并能将相关知识组成整体概念（Grossman 等，2005）。导师想让博士生成为专业研究者和学者，必须创造机会让博士生在关键任务中进行锻炼，指导博士生一步步更完整、独立地完成任务。以这样的方式，优秀的导师就可以为博士生的学习提供结构化的支持。用教育学的语言来说，"支架式教学是完成任务中师傅给徒弟的支持，这种支持可以贯穿任务的始终，告诉徒弟下一步应该做什么"（Collins, Brown 和 Holum，1991，第 2 页）。

例如，每个学科和研究领域的学者都需要掌握的一个基本知识——提出好的研究问题的方法。探究是由好奇心驱使的，学者要从提出研究问题开始就试图去发展前沿的知识和提供新的理解方式。优秀的研究者能够辨别什么问题是重要的、紧迫的研究问题，能够形成"有意义"的研究问题的架构，能够判断哪些问题是有趣的研究问题，能够辨别哪些研究问题是可以进行研究的成熟问题，能够识别可以深入研究的可控性研究问题。随着博士生的发展，他们需要从接受其他人对问题的评价，到自己提出和分析问题，再到能将提出的问题扩展成为研究项目。但是，像我们针对教师进行调查时一位数学家说的那样，"提出研究问题是最难学的知识之一，多数学生永远都学不会"。CID 的评论者也指出，需要更集中地指导博士生如何辨别问题并形成研究问题。科学技术史专家 Yehuda Elkana 指出："在博士生教育中，学习如何提出问题的机会经常就消失了；导师经常给博士生指派一个研究问题，博士生也不加鉴别地从事问题的研究。事实上，研究问题的选择是整个博士生教育过程中的关键问题，能够培养未来研究者的最基本的责任意识。博士生应该能够选择、解释、评论研究问题，并能从多个视角审视自己选择的研究问题。"（Elkana，2006，第 76 页）

CID 正在开展一项活动，分析提出研究问题的方法，并且开始思考如何在多种环境中建立导师与博士生的良好互动。在 CID 博士生教师调查中，我们提出以下问题："对您的学生而言，哪些活动和经验对其学习如何提出好的研究问题最有效？"[6]然后用博士生教师调查的答案整合出一名虚构的研究生 Ken 的案例。

Ken 读博士期间，他的任务和经历为他学习如何辨别研究问题和提出研究问题提供了机会。在博士一年级第一学期的课程中，指导教师要求 Ken 读四篇文章并指出每篇文章的研究问题，他把完成的结果带到教室，教师组织同学们进行生动的讨论。当对该文章的研究问题达成一致后，教师引导博士生试图提出更好的研究问题，讨论研究问题的重要性，并尝试提出作者接下来可以研究的问题。第二学期，Ken 开始参加学院的研讨会，会上教师和高年级的博士生会讨论他们当前的研究工作。在同指导教师讨论学习情况的同时，Ken 利用研讨会的机会练习分辨每一个他读到的或者听到的内容中的关键问题。Ken 发现一些研究者在展示的过程中，将他们的研究问题放在一个大的框架中，一些人则集中在一个关键点上阐释他们的研究问题。有些研究问题可能更加重要，通过提问与回答，研究者和其他人可以分享对研究问题的观点和评价。

博士二年级时，对 Ken 的一门课程教师要求博士生根据每周的主题，用一两段话写出一个研究问题。之后的资格考试中，要求博士生必须提出和论证一个与学位论文研究不同的研究项目，评价的标准之一就是研究问题是否有趣、重要、容易处理。当 Ken 开始进行学位论文研究时，需要和他的学位论文委员会的教师见面，说明他的学位论文要研究什么及如何开展研究。指导教师会认真倾听博士生的想法并及时给予反馈意见，以保证博士生的研究问题具有较强的可操作性，Ken 对此感到非常惊讶，也非常欣喜。随着 Ken 的学位论文研究一步步推进，他会被邀请加入写作小组，小组中的其他同学和他的研究进度基本相同。通过与教师和同伴共同学习的经历，Ken 学会了欣赏可以发现现有研究不足之处的同学，这些同学能够对自己的研究给出客观的评价并提出改进建议。

即使做了这一切准备，Ken 在学位论文阶段也有许多似乎不可逾越的障碍和挫折。当他寻求帮助的时候，有时学位论文委员会的教师会对学术论文的方向性问题提出解决方案，其他时候需要通过自己的研究解决问题。当他为工作面试做准备时，Ken 回忆说"研究"曾经似乎是一个神秘的过程。他现在认识到，他的博士经历让研究从曾经认为神秘的事情转化为一系列他可以理解并执行的过程，未来甚至可以教自己的学生如何做研究。

这个理想化的博士生教育模型可能在现实中没有太多相似的情况，但这个模型说明了基于学徒制教学法基本原理而产生的很多经历。对教师来说，学徒制教学法意味着自我意识的提升，并为自身的教育实践与发展创造了机会。对于博士生来说，学徒制教学法意味着为提高自己而进行的实践负责任。学徒制教学法也意味博士生通过学习和与专家的比较，养成自我反省的习惯。随着教师指导的减少，博士生增加了独立研究的责任感（Collins, Brown 和 Holum, 1991, 第 10 页）。此时，读者可能感觉到这也正体现了本书第四章中提到的"有条不紊""渐进式"的先进学习法。

（二）多导师制

传统的学徒制模型通常被理解为两个个体的配对，但随着当今博士生多方面的、综合的学习需求的激增，很少有案例能够证明单一指导教师学徒制关系可以满足所有的需求。因此，今天的博士生因为一些优秀的导师而得到了良好的教育。例如，博士生可能并不是因为一名教师而发展自己的研究兴趣。即使博士生的研究兴趣和指导他的一名教授紧密相关，作为初学者，他的研究也会从学院其他教师那里获得理论方面和方法论方面的有效指导。多导师制可以增加每个博士生同指导教师加强联系和寻找合作者的可能性。正如 CID 对很多学院的调查结果一样，博士生也希望和其他学院的教师和学生加强联系。

当然，现在有一些博士生已经有多名导师指导，多导师制也比较常见（事实上也很规范），且人文社科学科多导师制的情况比自然科学学科更加常见（见图 5.1）。如果每个博士生都应该有多个导师这一观点得到重视，那么自然科学学科应该向人文社科学科学习经验，进一步推进多导师制。

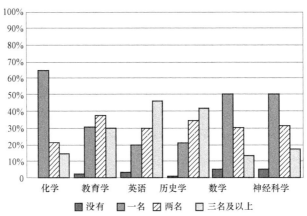

图 5.1 博士生认为自己的指导教师或导师数量[7]

数据来源：卡内基博士生调查

例如，在英语学科和其他人文学科中，博士生不但有科研导师，还有一名或者多名指导教学的导师。事实上，英语系经常有一名教师或者工作人员（很多时候不止一名）致力于指导教初级写作课程的研究生。这种方法对提高本科生教学质量很有帮助，也有助于研究生认识到发展自己的职业身份需要提高多个角色的技能，其中也包括教学技能。

这种指导关系可以通过很多途径得以开发，有时候是偶然发现的，有时候（甚至更好的方式）要有计划。例如，特别是对于博士前两年或者三年修读课程的人文社会学科的博士生来说，课程作业可能会成为教师和学生之间广泛互动（例如会议报告或者硕士论文）的产物。在其他案例中，多导师制可能是通过有系统的"计划"实现的。北卡罗来纳大学教育学院创立了一系列"调查小组"（inquiry groups），调查小组将对同一个话题或者研究问题有研究兴趣的教师和学生集结起来。和以前学位论文是博士生唯一一次有机会进行研究不同，这些小组提前为博士生提供了在一个领域进行研究的机会。这些小组使得博士生在研究过程中可以和一名以上研究指导教师进行学习（见北卡罗来纳大学教堂山分校教育学院网站关于调查小组的介绍：gallery.carnegiefoundation.org/cid）。如第四章所述，在自然科学学科的实验室中，研究轮换制可以实现多导师指导，加强博士生之间的联系。

当然，有效的学徒制培养模式不能完全依赖教师的力量，需要多种方式相结合才能得以实现。学徒制不仅需要教师重新思考自己的角色定位，博士生的角色和责任也需要转变。南加利福尼亚大学数学系正在进行"指导三元组"（mentoring triplets）模式的试验，即将一名教师、一名新研究生和一名能为新研究生的学术生涯树立正确目标与方向的有经验的研究生三人组合起来（见南加利福尼亚大学数学系网站关于如何有效指导学生的介绍：gallery.carnegiefoundation.org/cid）。自然科学学科的实验室也提供高年级研究生指导低年级研究生的指导方式，称作"级联式指导"（cascading mentoring），即博士后指导高年级研究生，高年级研究生指导低年级研究生，低年级研究生指导本科生。

同样，波士顿大学神经科学博士项目创建了包括研究生、教师、博士后和校友的"全循环"（full circle）指导模式。像 Todd Hoagland 教授阐释的那样："我们系新入学的研究生有两名导师：一名学生和一名教师。这名学生是自愿指导新生的高年级研究生，并且和该新生有相似的研究/教学兴趣或者在同一个实验室。新生往往乐于问高年级学生任何问题……新生起初对教师导师有一点警惕。如果学生的研究兴趣改变了，可以申请更换教师导师。"（T.Hoagland 给作者的邮件内容，2006 年 8 月 15 日）而博士后往往属于院系生活的边缘，他们却在"全循环"指导模型中发挥关键作用。Hoagland 说过："我们的博士后在做博士后或其他学术经历经验、如何把握机会等方面指导研究生；博士后也承担院系的一部分课程，有时在教学实验室和研究生合作研究。"

因为院系和校友的密切联系，该指导模式成为完整的闭循环，该模式中的校友之于研究生、博士后和年轻教师而言都扮演了非常有价值的角色。校友们可以为研究生的职业轨迹提供建议，有时候帮助博士生和博士后找工作。系里现在有一名校友联络员，负责追踪学院毕业生的信息，记录校友的工作信息和联系方式。

一些校友去往工业、商业、法律和其他非学术岗位工作，但更多的校友继续从事学术相关工作。院系通过季度通讯和校友们保持联系。Hoagland 总结道："校友和教师是终身的同事，所以这种全循环指导模式可以成为完整的闭环。"

（三）责任分担

事实上，很多博士生没有什么机会可以体验学徒式学习经历，从而提高他们的个人素养。为博士生指派一名指导教师（这种情况因为多导师制的出现得到缓解），意想不到的后果是博士生完全不参与导师的指导。像通常的教学一样，学徒式教学通常是私人的活动，隐私是师生之间为了更好地学习而建立的信任和坦诚所需要的重要因素。但是隐私必须在博士生教育的整个学术群体的共同责任中得到平衡，以保证所有的学生可以获得有效的学徒制经历。教师有帮助博士生发展的责任，并不意味教师有权利侵犯博士生隐私。在一些调查问题的设置中，就有此方面的问题："Mike 是您的助教吗？他最近讲课怎么样？""您会和 Leslie 讨论接下来的会议报告吗？我想这会对她很有帮助。"要想使博士生不断进步，就要将指导和反馈融入日常的学习生活中。简言之，学徒制教育模式要求形成教师与博士生在学习过程中共同承担责任的文化，这是各方共同的期望，教师和博士生要对彼此负责，并提供正式和非正式的安全关系网络。

如果用分担的视角来看博士生教育的目的和核心目标，首要的条件就是共同承担责任。（第三章讨论过用分担的视角看院系目标的价值。）这样的视角使院系设立了对导师和博士生关系的期望和基本框架，例如，根据正式的和非正式的时间表和指导流程确认导师，并参考年度考核的谈话内容和文档内容。

讨论和达成关于学徒制的一致规范和标准似乎过于官僚和政治化，许多人认为教师指导博士生是"化学反应"问题，很难形成系统的组织文化。用分担的视角理解教师和博士生二者之间的关系有助于减少对其内涵的误解和滥用，例如，一所院系的要求可能是教师和博士生有规律地会面，以创立或重审、修正师生关系。

当然，教师和博士生都是有责任的。毫无疑问，学徒制的一个前提假设是博士生能够为自己的学习负责任。他们必须为自己设立近期的目标和长远的职业目标，然后为实现目标积累经验。如果院系和教师能为博士生设立阶段性的明确要求并明确高质量工作的标准与特征,那么博士生更容易为自己的学习负起责任(Lovitts,2005b,2007)。博士生可以也应该为自己的学业负起责任,也应该努力做到更好。

为了保障教师和博士生的利益,博士生教育项目必须有正式的机制以确保问责制和冲突解决的有效实现。威斯康星大学神经科学博士项目设立了紧密的安全网络,以保证博士生能够取得进步并获得必要的指导和支持。这个安全网络包括一年级委员会(First Year Committee,该组织在学生选择指导教师之前起到指导教师的作用)、学位论文委员会和学院管理委员会(负责保证学生优良的表现和处理指导教师和学位论文委员会的争论)。最终,神经科学博士项目负责人负责监督项目,并为项目各项事宜负责。

有些操作简单的方法也是可行的。波士顿大学神经科学博士项目的博士生选择一名教师作为院系的监察专员,博士生可以相信这位教师并向他寻求解决问题的建议。至少,博士生学习的指导教师(director of graduate studies,DGS)应该成为院系的第一道防线。DGS 的责任是指导博士生进步并为博士生和教师提供非正式的建议。DGS 可以帮助确认每一名博士生都至少有一名导师,学位论文指导委员会或者学院其他委员会也可以扮演这些角色。人际关系是复杂的,指导也不例外;紧张的氛围和冲突是不可避免的。因此,冲突解决机制(见案例 5.1)和学徒关系强化方法是达成博士生发展过程中的责任分担的重要因素。

案例 5.1 密歇根州立大学冲突解决工作坊

密歇根州立大学研究生院为了运用基于兴趣的方法提高教师和研究生解决冲突的能力,设立了专门的项目。工作坊用视频片段呈现教师和研究生发生冲突的情形,参与者通过讨论日常中的场景,分析问题的实质并提出创造性的解决方案。这些做法有助于帮助教师和研究生在他们自己的指导关系中设定互相可以理解的期望和要求。工作坊的目标是尽量避免教师和研究生因为误解而产生冲突。

这个项目并没有以研究生教育中的所有问题都是可以协商解决的或者教师和研究生之间的权利差异应该减小为前提假设,教师仍然有设定和坚持标准的责任和权利。这个项目也没有以所有的冲突都应该避免为前提假设,相反,观点的冲突是构成研究生教育学术核心的一元。

该项目起初由高等教育发展基金（Fund for the Improvement of Postsecondary Education）以及 William 和 Flora Hewlett 基金支持，现在已经覆盖到许多学校。特别是在近期的研究生学习中，这个项目是学校减少因一系列冲突而产生消耗的一项重要战略。更多信息参见项目网站 http://www.msu.edu/~gradschl/conflict.htm。

（四）认同

在 CID 博士生教师调查中提出这样一个问题："您是否尝试着效仿某位教师指导博士生的方式？"回答会效仿自己的博士生导师来指导学生的教师最多（38%），令人惊讶的是，第二多的答案是没有效仿任何人来指导学生（33%）。（我们没有提问有多少教师有"反面教材"，但很多教师主动陈述了有这样一些事实的存在[8]。）一方面，我们对调查结果感到惊讶，另一方面，这个结果也并不惊人。很少有博士项目设置让教师和博士生（愿意在某些方面自己承担指导教师角色的博士生）学习如何在学徒式教学法中提升指导技能的框架或流程。这里之所以要提到学徒式教学法的这一关键步骤，是为了让教师意识到成为一名好导师并不只依靠天赋，也不是单一的"化学反应"的作用，它还包括学习、鉴别和奖励的技术。

认同的第一步是为教师创造学习、讨论其他学徒式教学法的理念和方法的机会。为教师提供这样的机会非常有价值。因为指导是一种关系，并不能简化为刻板地"推动"，但可以通过记录和分享实践获得进步。事实上，一些英国大学为教师专门设置了关于研究生指导的教师发展工作坊（Eley 和 Jennings，2005）。在美国，对于研究生指导方面的训练和准备的关注，是由霍华德·休斯医学研究所（Howard Hughes Medical Institute）提出和资助的，霍华德·休斯医学研究所近期支持了大量研究生指导方面的课程的发展，称作"走进指导"（Entering Mentoring，见案例 5.2）。

案例 5.2 指导研究生的参考资料

Entering Mentoring. A Seminar to Train a New Generation of Scientists，by Jo

Handelsman, Christine Pfund, Sarah Miller Lauffer, and Christine Maidl Pribbenow.University of Wisconsin Press, 2005. http://scientificteaching.wisc.edu.

关于教研究生如何指导低年级学生的八周课程的课程大纲和材料。这些资料作为教师工作坊的素材也很有价值。

How to Mentor Graduate Students: A Faculty Guide, and How to Obtain the Mentoring You Need: A Graduate Student Guide, by The Graduate School, University of Washington, 2005. http://www.grad.washington.edu/mentoring/GradFacultyMentor.pdf & http://www.grad.washington.edu/mentoring/GradStudentMentor.pdf.

帮助教师和研究生理解什么是优秀的指导以及学习如何一起工作的指南,包括适合很多学校的实践建议。

Effective Postgraduate Supervision.Improving the Student/Supervisor Relationship, by Adrian R.Eley and Roy Jennings.Open University Press, 2005.

关于指导问题的解决方案和建议的一组案例研究场景。很多案例场景都是真实的事例并和研究相关。

Adviser, Teacher, Role Model, Friend: On Being a Mentor to Students in Science and Engineering, by the Committee on Science Engineering and Public Policy.National Academy of Sciences, 1997.

关于教师如何进行指导和建议的简短手册。

A Graduate Student Guide: Making the Most of Mentoring, by Carol Mullen.Rowman & Littlefield, 2006.

关于如何从研究生院之外获得职业规划和导师指导最有效方法的研究生用书。

Working Effectively with Graduate Assistants, by Jody Nyquist and Donald Wulff.Sage, 1995.

本书给出了如何应对研究生教学和研究助理内在多种挑战的实践建议。

下一步,是让有效的指导、建议、模仿和学徒式教学法的其他形式成为教师认同和获得奖励的核心要素。当教师为自身与博士生的关系投资时,他们会因为博士生的学业成绩以及其他大量的荣誉而获得直接的利益。但是，学徒式教学法几乎没有让教师获得公共的赞誉和奖励。正如美国国家科学院主张的那样，如果学校更坚定地嵌入"奖励和晋升的制度体系"，学徒式教学法相关主体的文化转换会更加容易（科学工程和公共政策委员会，1997，第66页）。一些学校已经在这个方向上付诸行动。从1987年开始，亚利桑那州立大学评选"杰出博士生导师"并给予5000美元现金的奖励，此外，获奖教师的关于他们指导理念的文章会在学校官方网站上呈现。"杰出博士生导师"的评选标准包括"优异的研究生教学成绩，主持博士委员会期间拥有较高的学位获得率，通过积极的招生和学术声誉吸引博士生到亚利桑那州立大学学习的能力以及显现出多样化的博士生指导过程"（亚利桑那州立大学。未注明出版日期）。相似地，杜克大学研究生院为优秀指导教师提供院长奖励；匹兹堡大学于2006年给予优秀指导教师教务长奖励。

认同不一定要来自学校的高层，博士生也可以主导这项活动。圣路易斯华盛顿大学研究生会和哈佛大学研究生委员会每年评选杰出导师奖，并在学校网站上公布。这些奖项也不一定需要学校级别的单位授予。印第安纳州教育学院研究生女性教育者网（Graduate Women Educator Network）每年评选优秀导师。多年以后，这些奖项开始改变学校的文化；博士生组织关于指导学生和优秀导师的报道开始增加。事实上，教师的年度考核也将这些奖项作为教学贡献的证明（见印第安纳州教育学院网站关于指导奖项的内容：gallery.carnegiefoundation.org/cid）。

（五）尊重、信任和互惠

根本上来说，学徒制像其他任何关系一样，在人与人的尊重、信任和互惠建立后，学徒关系更易于和谐。这些品质非常重要，不单单是因为它们有益于师生间友好的关系的建立，也是博士生学习的必要品质。尊重、信任和互惠是学徒关系稳定的三个支柱（"椅子的三条腿"），也是第六章我们要讨论的良好的学术共同体的重要因素。

先说尊重。相互尊重是有效的学徒制模式的重要特征。在学术环境中，对观点的尊重尤为重要。导师的观点和反馈必须吸收到博士生的学术成果中以体现教师的经验，同时博士生知识发展的独立性也需要被尊重，教师必须给予博士生的学术观点以发展空间。个人尊重（不是假定的感情或友谊）也非常重要，个人尊重可能建立在观点尊重的基础之上。

二是信任。信任建立在尊重的基础之上,信任也是新的学术观点不断出现的必要因素。当然好的互动可以增加师生之间信任,随着时间的推移可以形成良性循环。CID 博士生教师调查中,一名历史学家提到:"我努力将建立信任作为我与博士生私人和工作关系的基础。我相信信任可以鼓励博士生更积极努力地学习和工作,因为他们知道他们可以依靠我来为他们提供他们需要的指导和支持。"信任和尊重是消除博士生未知和恐惧的最好方法;例如,许多博士生有时候不愿意坦陈自己的职业目标(如在社区学院教学),他们认为这样的职业目标可能是不正式、不严肃的,可能不会促进自身在学术领域的发展;这个时候导师对博士生的信任就会消除这种茫然。

三是互惠。博士生在师生关系中有所提升和收获是显而易见的,博士生可以从教师那里获得指导、建议、资助、支持、鼓励和反馈等。教师也会有许多收获,如新的学术观点、激情和能量的注入、博士生进步的满足感和知识遗赠等。用互惠的立场看待师生关系的实现途径,减少了因权利差异扩大而危害师生关系的机会。例如,一名人文学科教师观察自然科学学科并发现,"甚至最高级别和最低级别的成员都相互依靠……联合出版和拨款申请也存在相互依赖的关系"(Davidson,1999,B4 页)。因此,这种相互依赖的关系是值得赞同的。

如何做到尊重、信任和互惠?通过和 CID 教师和博士生的共同研究发现,可以通过以下几种策略培养教师和博士生的这些宝贵品质。

1. 知己知彼

学徒式关系实际上是个性化的教育。所有来到研究生院的学生都汇集了不同的知识、技能、先前经历、目标、信念、个人身份、教育背景和家庭背景等要素。事实上,这些要素的结合"影响博士生记忆、质疑、解决问题和学习新知识等方面的能力"(Bransford 等,2000,第 10 页)。因为博士生有不同的背景,所以他们的需求、动力和应对挑战的方式也有所不同。有些博士生在别人感到恐惧甚至有意疏远的条件下却感到非常振奋;挑战和困难会激励一些博士生取得更大的成就,同时也会让另一些博士生感到沮丧。学徒式教学法要求导师了解每一名博士生并实施个性化教学。同样,博士生也应该了解自己的指导教师所喜欢的工作风格。教师和博士生花时间了解彼此对更好地学习有很大的帮助。

但是，了解彼此只解释了问题的一半。如果每一方都非常了解自己并能够很好表达自己的需求，好的工作关系会更容易形成。自我认识在很大程度上是迭代映射的产物，且易于输出和反馈，显现的好处是，知己知彼可以提升处理各种复杂人际关系的顺利性，这些态度能够促进师生关系的良性循环。

2. 充分沟通

师生之间充分沟通，特别是关于期望与要求的充分沟通，有助于促进良好的学徒关系。关于教师和博士生的角色定位的假设是什么？学徒式关系的范畴是研究、教学、职业发展、个人价值、职业身份和工作生活的平衡？学徒式关系维持的约定是什么？双方喜欢什么样的谈话方式？双方交流应该维持什么样的频率？博士生希望获得教师什么样的答复？教师和博士生充分坦诚的沟通可以避免很多误解。

充分沟通教师对博士生的要求与期望并记录下来，非常有助于推进学徒式关系。伊利诺伊大学历史系依据充分沟通的思想，建立了院系层面的指导的方案。当博士生选择了自己的指导教师后，尤其是在学习方面的事情上，这名教师成为博士生指导和支持的主要来源，例如"在某些领域和特定课程进行指导，指导博士生写作，在关注的问题上和博士生进行合理的沟通，指导博士生选择学位论文研究问题并指导学生开展研究"。同样重要的是，该方案指出了在指导关系中博士生的责任，如"提醒指导教师推荐信或其他要求的截止日期，同指导教师定期沟通研究进展，和指导教师就可能阻碍研究进展的个人问题进行沟通"。完整的文件还包括选择指导教师的时间安排和更换指导教师的流程（参见伊利诺伊大学香槟分校历史系官方网站关于指导方案的内容：gallery.carnegiefoundation.org/cid）。在多导师制的实施过程中，教师与博士生分享期望并进行充分的沟通显得更加重要。

方案没有必要等到全学院都达成一致后才能实施。教师个人就可以将他们的期望和要求和博士生沟通清楚，许多教师将他们的指导理念和要求的陈述内容放到网站上，那些潜在的学生可以从网站上看到相关内容（见案例5.3）。在一个良好的学术共同体中，这些事情会在教师和博士生中公开讨论，这样大家可以效仿好的经验和做法。

案例 5.3 博士生指导注意事项

Robert Gross，康涅狄格大学早期美国史专业 James L.和 Shirley A. Draper 教授，向其博士生明确的关于指导双方职责的概述，该说明发表在《高等教育纪事》上（Gross，2002）。

下面让我阐释清楚我期望学位论文如何完成和我如何看待作为你们的指导教师的角色。在美国学习的博士学位论文必须提出一个历史的、文化的或者文学的问题，阐明这个问题与现有学术研究的重要关系，弄清楚这个问题与美国社会和文化的联系并列出可以解释这个问题的研究计划。调查研究必须确定相关的主要资料的来源（无论是出版的还是未出版的），并且要描述清楚研究方法、途径和专业理论假设。在描述和分析资料来源的时候，学位论文中必须列出所有的包括图书、期刊文章和其他学位论文等相关学术成果。论文的结论应该对具体的研究结论和宽泛的研究问题进行概括。

至于我的角色，首先，我将自己定位为你们的主编，我的工作是指出你们学位论文的拼写和语法错误，指出不恰当的表达，从更宏观方面特别是文章或章节结构方面提出四个问题。其次，我作为一个挑剔的学者来阅读你们的论文，评价论文的分析是否有较强的逻辑性，是否有有针对性和说服力的证据，分析是否敏锐明晰。再次，我会提供相关书籍、文章、参考资料的建议，并建议多种解释问题的途径和方法。最后，除了评论角色之外，我也是你们的啦啦队长，我会做一切努力来保证你们能够完成最优秀的学位论文并取得学术成果，在这项工作中不管你们的学习工作有什么样的错误，都不会消除我对你们事业的支持和热忱。

那么我希望获得什么样的回报呢？第一，你们给我的每一篇文字都要自己检查拼写和语法错误，都要尽可能规范地标注脚注。第二，你们要对我的建议有所回应，如果你们决定忽略我的建议，请用书面的方式告诉我原因。如果我花了大量的时间阅读和思考你们的论文而我的建议你们完全没有回应,我会很有挫败感，也很生气。第三，希望你们认识到我们双方都有的各类义务和截止日期之类的时间压力，你们可以提醒我希望什么时间收到论文的反馈并给我一个月的时间去阅读和评价你们的论文。实际上，我可以在两个星期内就返回你们的论文，一个月是我的宽大期限。除此之外，你们有解释的权利。

3. 定期反馈

良好的学徒关系的构建在于师生之间定期的、坦诚的沟通。学徒式教学法需要通过反馈来提高实践能力和自我指导、自我评价的能力。对于新指导教师来说，应该有更多的机会了解检验博士生的学术进展。有时候指导教师和博士生形成了相互脱离的状态，几周甚至几个月都没有进行过一次交流，这种情况在学者独自开展研究的领域更是时有发生。在CID博士生教师调查中，一名历史学科教师说："有些博士生在研究遇到困难时就会躲起来，我可能要过上好几个月才检查他们的学习。"在CID博士生教师调查中，一名化学学科教师阐明了可能解决这种拖延问题的方法，"我让我的博士生在他们读博期间，每周提交他们的学习进展和下周的学习计划"。这个要求对一些博士生来说可能太过严苛，但却是如何实现博士生教育"高标准"的好建议。

除了评价博士生研究进展，导师也有责任评价博士生的整个培养过程。博士生在第一年、第二年甚至第四年结束后，在研究、教学和领导力方面应该完成什么内容。例如，堪萨斯大学历史系设计了"进步表格"（Progress Grid），以说明教师应该如何指导；又进一步设置了"专业化表格"（Professionalization Grid），以提供专业活动和领导力活动日程：加入一个专业机构或团体（第一年），做一次报告（第二年），在学校或院系的委员会获得职位（第三年），在专业学术会议上发表文章（第四年），指导低年级研究生并构想未来的研究方案（第五年）。这个表格提供了最完整的学者养成的流程图，任何院系或专业都很容易采用（见堪萨斯大学历史系网站关于课程改革的介绍：gallery.carnegiefoundation.org/cid）。

理想的状态是，教师应该每年至少有一段专门的时间和博士生一起工作一起讨论，来正式地评价每名博士生的发展。这也是一种教师承担共同责任的方法，以确保院系的所有博士生都能取得进步；特别是教师会评价每一名博士生这一年取得了哪些进步（通过前期课程和考试的要求、研究完成情况、课程教学等方面取得的进步），并为下一年设定目标。博士生在许多方面的发展情况可以同学生自我评价一同考察。定期评审也是同遇到研究困难或者没有达到要求的博士生互动的一种方式，以确保院系责有担当。在完整的博士生培养体系中，健全的定期评审制度（同第三章、第四章阐释的内容）能成为院系文化的一部分，也体现了院系培养博士生全面发展的责任，也能促进对教师和博士生责任分担的理解。

每一对师徒关系时时刻刻都在发展和变化，所以这种关系本身的要求与期待也要定期重设。教师和博士生多长时间谈话一次？谈论什么内容？师徒关系应该用什么方式改变？哪些方面做得不够好？出现了哪些摩擦并如何改善？因为师生的需求随着时间的推移会发生变化，因此重设要求与期待是非常重要的事情。一名神经科学专业的教师告诉我们："时间长了我更加了解自己的博士生，我会努力让自己的建议更好地满足博士生的需要。"当然，理想的状态是教师能将此也作为评价并提升自己的机会。根据以上缘由，定期谈话对学徒关系本身很有必要。

4. 投入时间

良好的师徒关系需要时间的投入。每当听到教师同时指导十多名博士生的现象时，我们都感到十分困惑，有的院系还会容忍甚至鼓励这种行为。我们同样也非常关注那些非全日制学生、没有融入真正意义上的学徒关系的学生和没有加入院系学术共同体活动的学生。

多长时间的投入是足够的？显然这个问题没有严格和明确的答案，我们只是反对过少的投入和过少的相互影响。每一名导师必须决定自己与博士生会面的频率和时长。"我的指导频率和时长是非常灵活的，依据博士生具体的需求而定。我可能一周花费一整个下午，下次只花费五分钟。我指导的目的是提供博士生需要的信息并回答所有可能出现的问题。"这段参与调查的数学学科教师的话说出了许多根据博士生需求而进行指导的教师的心态。许多教师也像这名英语系的教师一样，从这样的角度指出，"积极主动的博士生会让我花费更多的时间指导"。

当前的假设是导师和博士生都在博士生的最后一学年投入了最长时间，进行了最高频的指导。假定这个假设是正确的，不同的学科数据有显著的差异。图5.2

呈现了教师指导即将毕业的博士生的时间频率。不同学科领域差异较大；而多数学科领域，尤其是历史学科和英语学科，"每月一次"成为主流的答案。不难发现，在教师和博士生共享办公空间的实验科学相关学科，教师和博士生往往一周有多次会面机会。我们认为各学科要尊重不同的学术传统，在指导频率方面，人文社科学科应该吸取自然科学学科的经验。

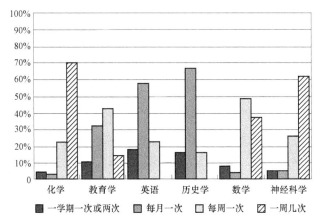

图 5.2　博士生完成论文的最后一年中教师与博士生会面的频率[9]

数据来源：卡内基博士生导师调查

此外，有效的学徒式关系可能并不在于投入时间的多少。投入时间只是学徒式关系的第一步，更重要的是博士生要努力理解学术实践的复杂性，积极开展研究，深入了解教学法并努力形成新的专业身份。到这样的阶段，就需要更高层次的监督和指导。时间的投入不仅能在学习研究最关键的第一阶段强化对博士生的培养，还可能会弥补因没有很好融入院系学术共同体中导致的"损失"（Golde，2005；Lovitts，2001）。

不管是开始阶段还是结束阶段，教师和博士生都应该投入更多的时间。两名学者在其合作研究中描述这个过程为"联合文本"（joint texting），即教师和博士生坐在一起，他们讨论的同时将博士生的文章实时编辑到电脑上。指导者讲述他修正学生文章的过程（让学生更清楚他思考的过程），然后让博士生也做同样的事情。博士生可以看到文章是如何改动的、作者的思想是如何表达的（Kamler 和 Thomson，2006，第 53–57 页）。

二、概念基础

当然，学徒制教育模式的概念并不是 CID 创造出来的。很多学徒制的实践和实践背后的理论都可以通过对优秀导师和教师的行为的观察和分析收集到，我们也可以从近几十年关于学习行为的研究中理解学徒制教育模式的"为什么"和"怎么样"开展的（Bransford 等，2000）。这些学习行为研究在中小学（K-12）课程中和本科生教育中的应用比研究生教育更加广泛。学习理论研究的新发现很多都应用到了卡内基基金会的专业项目之中。正如研究指出的那样，"现代认知心理学的一个重要贡献是将学徒制再次视为教育的核心部分"（Sullivan 等，2007，第 26 页）。

很多关于学徒制和专家型学习的研究将焦点放在工作环境上，John Seely 和他的同事用"认知学徒制"（cognitive apprenticeship）来描述将教育背景和研究实践相结合的学徒式教学法。他们认为，初学者的教育最好不要集中在获得知识和信息上，而是要集中在学会如何运用知识解决问题的理论和方法上。之所以称作"认知"，是因为学徒制和专家型学习的关键在于学术技能和实践，需要教师和学习者思考清楚他们正在做什么（Brown，Collins 和 Duguid，1989；Collins，Brown 和 Holum，1991）。之所以称作"学徒制"，是因为学生的提升、进步得益于日益复杂的任务以及反馈，"通过给学习者提供成为行业专家的各种实践机会，并为提高博士生的能力给予反馈，教育者是像师傅一样在思想上对学生进行培养，称作认知学徒制"（Sullivan，2005，第 207 页）。

事实上，Brown 和他的同事发现博士生教育可以为其他层次教育提供模型框架。

人文社会学科和自然科学学科优秀的研究生都特别需要从高级研究者的学徒关系中习得研究技能。和所有的学徒一样，接下来他们必须发现并解决现实活动中出现的未知问题，这些问题和学生在先前学习中课本上或考试中那些固定问题完全不同。简言之，在这个阶段学生不再是学生，而是实践者，他们需要在该领域文化中参与社会互动和合作，从而发展自己对相关概念的理解，而不单单依赖学校（Brown 等，1989，第 39-40 页）。

通过博士生教育和专业教育（培养医生、律师、护士、牧师、工程师等）的对比可以发现，博士生是为了他们未来从事的工作而成为学徒。这让我们必须关注到，博士生教育和为成为学者而需要做的准备二者之间相关要素的联系。博士生不仅需要提高学习的能力，还需要提高职业判断的能力。简言之，这些博士生需要掌握更多的专业知识；专业知识的提升不但对医生和律师有用，对化学家、历史学家和神经学学家（如下面的案例一样）也非常有用。

三、学徒制教育模式案例

为进一步阐明高效的学徒式教学法的相关原理，指出良好的学徒关系会带来什么（并描述同前面章节阐释的渐进发展、综合和合作原则的关系），在这里呈现一个通过 CID 而有幸了解到的学生案例。在我们写这个案例的时候，Maureen Estevez 将要在波士顿大学进行论文答辩[10]。

故事从 Estevez 还是一名本科生时说起。"我大学的专业是人文学科，我非常讨厌数学、化学和物理，像躲瘟疫一样逃避。我在高中的时候这些科目一直都是 A，但是因为一些原因在大学时我觉得这些科目可能超出了我的能力。但是我对人类的身体很感兴趣，所以决定选修能够进入尸体解剖实验室的全部课程。长话短说，我一点点地进入科学、数学甚至工程课程当中。事实证明我喜欢这些课程，并且很擅长学习这些课程。但是我并没有一个长远的想法。"

在一名教授的推荐下，Estevez 在研究生期间开始学习工程学。结果是她感到非常痛苦，一方面是因为她选修了不适切的课程，另一方面是因为她很困惑，"我喜欢用工程的概念帮助我解决生物问题，但我不擅长纯粹的（非常核心的）工程项目。我知道我不想成为一名工程师"。这种认识促使她对自己的学习热情和人生目标进行自我评估。"我来到学校，但并不十分清楚自己想要做什么，但博士学习这么困难且富有挑战，所以学生必须有明确的目标支撑自己坚持不懈地学习。"

有趣的是，这个想法指引 Estevez 来到波士顿大学接受博士生教育。这里平等地强调研究和教学，这一点非常适合她。随着时间的推移，她意识到有一名了解她并能够有效地指导她的导师的重要性。"我非常关心找一个什么样的实验室工作。我知道我想找一名能够很好地指导我、可以为我成为一名神经学家和研究者付出时间和经验的研究员，跟随他好好学习和研究。我刚来到研究生院时的情况肯定不是像想象的那样，我从其他研究生那听到的信息是'找好的指导教师要靠运气……那样的指导教师已经不存在了；很多教授都有特别多的事情要做（写论文、教学、行政、出差），不可能花时间和你在实验室里学习和工作；可能你一个月会见到他们一次'。"

她一直坚持寻找一名她信任和尊重的导师。"Cornwall 博士（他喜欢别人称呼他的名字 Carter）60 多岁，已经在他的研究领域潜心研究了三十多年；他将 Da Vinci 和 MacGyver 的研究结合起来，给他一个显微镜、一个纸夹子和一些胶带，他就能组装一个记录神经元运动的疯狂装置，然后回家在组装家具的时候读法国诗歌。我现在成为一名研究者，90%的原因在于我的导师 Cornwall 的引领。"

不是让 Estevez 自己"折腾"，Cornwall 博士开始教她基本的技术，并给她自己做实验的自由。"Carter 总是能发现我的潜力，尽管我在他的研究领域没有任何经验、对实验室的电子设备感到恐惧。但我记得他告诉我：'你在这里看到的所有东西，我都可以教你。这看起来很难，但每一部分都很简单，你全都可以学会。'这句话对我来说是一个转折。在这之前，我看到任何困难的东西都会躲避，我害怕自己看起来很愚蠢。"

Cornwall 用相似的方式描述了他的理念。他将研究定义为"将事情分解以发现其运作原理"。他告诉他所有的研究生，"你们的工作是在常规事情上犯错误"。他认为 Estevez 不知道如何失败。Cornwall 让学生学会经受考验的教育方法是想告诉学生"如果每天都不打破东西都不犯错误，那么失败蕴藏于此"。

他指导学生的第二个方法是对学生有信心，不给学生提前制订计划。他鼓励学生在他给的资料中发现感兴趣的内容，做些实验，找出是什么激发了他们的热情。他认为，"如果你对学生有信心，就要对学生放手"。Estevez 非常赞同："Carter 的信心让我觉得我可以按时学会任何东西，我一开始什么都不会都没有关系。我发现许多研究生（特别是女生）都非常害怕……害怕被别人认为自己不属于这个领域，在本领域是个冒名顶替的研究者。"

Cornwall 会花很多时间和学生在一起，他将实验分解成小步骤，因为实验室很小，这比较容易实现。Estevez 详细阐述事情的经过："Carter 在我读博士的第一年和我一起在实验室付出了很多时间,他教我非常难的记录单个感光细胞的技术。这个技术涉及 50 个步骤,每个步骤都依赖上一步骤的结果,每一步骤只有 55% 的成功率。这个实验要在完全黑暗的环境中依靠夜用显微镜实现。"

Cornwall 认为,在学徒式教学法的成功经验证明,失败是学习最好的资源。"我的指导教师非常清楚什么时候他需要来到实验室教我,什么时候需要让我自己研究探索。就像努力尝试登月一样,我花费了一年半的时间在实验室里一次次、一天天、一周周的失败。我在我整个人生中都没有失败过这么多次。我认为这些失败的经历帮助我成为一名科学家和学者。"

Cornwall 不但在与学生一对一谈话的时候表达对学生的信心,他通过在 Estevez 第一次参加学术会议时把她当作自己的同事来表达对学生的尊重。"他让我跟随着他并把我介绍给每个他认识的人。"这个看似微不足道的行为让 Estevez 感到不知所措。"尽管不太应该,他还是将我看作他的同事",她说,"我并没有做出什么研究数据,我真的是个完全的新人。"

在多导师制的视角和制度当中,Cornwall 并不是唯一的指导教师。Estevez 在博士期间的学习和研究得到了院系和她所参与的学术共同体的帮助。

波士顿大学神经科学博士生教育开设的维萨里斯项目(Vesalius Program)(本书第四章介绍过)重视教学。为了完成学业,参与的学生需要跟随一名教学导师完成两项实习项目,如设计教学大纲,在医学院做一场报告或者完成一项有关教学的研究项目。Estevez 选择运用更有效的三维克莱布莱恩(3-D clay brain)模型,而不是传统的二维图纸,来教医学院学生神经科学的课程。她找了一名非常擅长教学研究的教师帮助她设计和实施她的研究。他们的交流内容涉及广泛,经常交流教学的科学与艺术,她感觉到"老师就是我团队的一员"。尽管这名教师并不是非常擅长神经科学领域的知识,但也成为 Estevez 论文指导委员会的一员;当学位论文委员会的其他成员希望她再进行一年的实验时,他最终发挥了至关重要的维护作用。

Estevez 强调,对于她的同学们来说,寻找能够建立信任和获得支持的多名导师是非常困难的事情;很多学生只了解他们自己的指导教师,可能还了解一名合作实验室的教师。没有教师和学生相互了解的机制(医学院几乎没有工作坊课程),

指导关系很难建立和发展。

Estevez 在维萨里斯项目中的第二个实习项目是参与医学院生理学课程一个单元的教学。她自己描述这个实习项目"压力非常沉重",认为学科的学生每学期都参与教学都会比这个课程的压力小。她再一次和新的导师成为合作伙伴。"教学上获得的训练和实践非常有帮助,但更重要的是实习项目让教师和学生的互动方式发生了转换……从作为他们的学生变成作为他们的同事。我和他们一起坐在会议室里讨论如何设计学生的期末考试、学生表现如何等问题。"在 CID 工作为学徒式教学法的多导师制学习提供了相似的机会。"我开始觉得自己更像一名教授,像我自己老师的同事,而不仅仅是一名学生。我能够更好地认识到自己未来从事学术工作的状态。"

Estevez 这几年会反思这些经历如何让她一步步取得进步,如何让她确定自己想成为学术团体中能够致力于研究、教学和服务的科学家。"在历经实验室里一年多的失败之后,我的研究终于开始了,我发现了很多有意思的事情。我也发表文章,参加会议,进行成果展示,甚至在本领域的全国性会议上作报告。通过 Carter,我和其他科学家开展了良好的合作,这些合作的科学家给了我很多额外的机会(也包括提供博士后职位)。一位合作的科学家甚至邀请我作研讨会报告,这些报告通常都是教授和博士后才可以作,作为一名研究生,我真的感到非常荣幸有机会做这件事情。我记得当我作完报告走下讲台时,我听到了热烈的掌声,那一刻我突然意识到,'不知道从何时开始,我是一名真正的科学家了'。"

四、发挥学徒制的作用

本章中,我们讨论了学徒制因有许多优点,已经形成了很大的反响。学徒式教学法在全世界很多专业和职业中都有很长的历史;毫无疑问,学徒式教学法是博士生教育中值得保留和坚持下去的重要教学法。Maureen Estevez、Carter Cornwall 和波士顿大学神经科学博士项目的案例说明了学徒制是学者养成的重要途径。我们讨论的从博士生作为一名导师的徒弟学习转化为学生和多个教师一起学习的学徒制模式对 21 世纪学者的养成尤为重要,因为这种学徒式关系将学术观点和学习变成了师生关系的中心。很多人认为美国博士生教育的内在结构和外在实践有一定的局限性，因为美国博士生教育以教师为中心而不是以学生为中心。我们不认同那些观点，我们认为博士生教育应该以学习、学术观点和知识为中心。

学徒式关系需要通过博士生投入大量学习时间并充分利用教师时间来构建。当然，这并不能够轻松实现。许多人没有这样"肩并肩"共同学习的直接经验，这样的学徒式关系就难以建立。当今很多教授各方面都很成功，但自己没有接受过有效的指导，因此也很难有效指导博士生。同样，另一个很大的挑战是我们大多数人不知道别人是如何看待自己的，所以很难获得坦诚的关于投入的评价。我们看待21世纪学徒式关系的视角是非常有远见的，很可能让博士生取得阶段性的进步。现在，教师和博士生一样，应该开始审视自己所做的事情并评估这些做法是否有效。现实中还有许多实现目标的可选择途径，如果被问到（"其他方式会不会更有效？"），多数人都很愿意分享他们的观点。

学徒式教学法对教师现有的教育思想和工作习惯是个挑战。每一名教师不能为每名博士生服务，尽管有时候他们有共同的研究兴趣；有时候这种配对并不非常有效。对于教师来说，能够意识到什么时候应该退一步让其他教师到更重要的位置上，这一点非常重要。教师关于指导博士生就是对博士生有"所有权"的观点需要改变，要认识到博士生由多导师指导可以收获更多，由一至两名教师负责这个指导团队即可。学徒关系往往乍一看进展顺利，但定期的检验非常有必要。是不是每一名博士生都有导师？教师是否理解当今快速发展的世界对于学者的新要求？

贯彻学徒式教学法很是困难，因为一些学术的理念和组织架构往往和学徒式教学法的理念有冲突。在许多自然科学学科的院系，美国联邦研究经费的体系将博士生和一名教师联系在一起，要快速获取研究结果的压力和博士生需要投入时间取得自身进步的现实也相矛盾。没有这些专款专项研究的要求，人文学科和数学等学科更倾向于委员会的指导，而且每周与博士生会面没有得到落实。像一名CID领导提到的那样，可能部分原因是"实验科学学科，任何学生每年都有素材形成一篇论文，而在数学学科，每名博士生需要我每年为他形成一篇论文"。即使事实如此，我们也坚定地认为，如果教师的付出可以以知识的进步和博士生发展为回报，那么教师为此值得冒险。

学徒式教学法对博士生现有的思想和研究习惯也是个挑战。多数博士生认为博士生教育是他们之前十六年或十八年教育的延续，博士生还是相对被动地从教师那里获取知识，还是以是否按时、准确完成作业来评判自己的学业是否取得成功。这样的想法和行为是不可取的，博士生必须是他们自己学业和职业的管理者，有目的地上课学习并能提出自己的学习需求，同时还要对计划外的新观点、输入信息和机会保持开放的心态。尽管很多博士生在进入研究生院时并不知道自己需要什么，但是无知并不是借口。博士生也要同因经济独立和研究独立而产生的恐惧作斗争，承认自己的不足和恐惧并积极与别人合作是博士生的必备素质。

任何时候改变都为时不晚。教师和博士生都要行动起来，个人的行动汇聚起来就会形成文化的转变。博士生教育以学习为中心的视角意味着每一个专业院系都应该是一个有活力的学术共同体，能够推进学习和知识的进步。下一章主要阐释学术共同体这个问题。

注：

[1] Brooks 的话引自"研究生学徒式学习"，该观点出自《高等教育纪事》杂志（Brooks，1996）。Brooks 现任耶鲁大学法国文学和比较文学系斯特林讲席教授（Sterling Professor），曾是耶鲁大学比较文学系主任、人文学科特里普讲席教授（Trrip Professor）。

[2] 数学教育"学术血统"的相关材料见 http://www.genealogy.ams.org/。美国数学协会前任主席 Hyman Bass（也是 CID 项目中一篇文章的作者）有 25 名学生和 90 名学术传承者；他的"学术血统"可以追溯十三代，自其 1665 年在莱比锡大学指导的第一个博士生 Otto Mencke 到 Johann Carl Friedrich Gauss。

[3] "标志性教学法"（signature pedagogy）由 Lee S.Shulman 提出，是描述"教与学的形式特点"，这种方式可以成为"未来从业者接受职业教育的基本组织方式"（Shulman，2005，52 页）。"标志性教学法"包括法学教育中的案例教学法和医学教育中的临床教学法。"标志性教学法"是学生了解研究领域文化的窗户，在教知识和技能时，教师让学生融入了教学的情景假设（例如如何向律师一样思考）和职业价值的隐含假设中（54–55 页）。

[4] "肩并肩学习"（elbow learning）的概念是由克拉克大学首位校长、著名心理学家 G.Stanley Hall 博士提出的，形象地描述了教师和学生在实验室学习中肩并肩工作的场景和关系。Hall 在研讨会上非常受学生的尊敬，也在早年的克拉克大学中营造了良好的学术氛围（Ryan，1939）。

[5] 我们仔细审议所用的术语。"指导教师"（adviser）代表教师之前的角色，大多数博士生都有一名指导教师。特别是在早期，指导只是辅助学习的；指导教师通常只是零星地指导，主要集中于博士生学习的核心需求。后期，指导的概念主要是指论文的研究和写作。论文指导教师在学生论文的完成过程中发挥着重要的作用。但"指导教师"的概念是单向性的；

它没有互惠的空间,也没有激发学生学习的欲望。

当学习是师生关系的核心目标时,"教师"(teacher)可能是最适合描述这种关系中教学者角色的词语。但是,在大学的环境中,教学在某种程度上和教室相联系,而在博士生学习过程中,教室只是许多重要教学场所的一元。

一般来说,我们更多地用"导师"(mentor)这个词语来描述博士生教育师生关系中教学者的角色,这个词语比指导教师和教师的概念更为宽泛。导师扮演着重要角色,而且"导师制"一词传达了对学生的支持与帮助。在使用"导师"一词时有一个假设,即每一名学生应该有多名导师。这个词语也提醒我们关注博士生在发掘和培养导师过程中扮演的重要角色。此外,导师制应与管理理念一致,它意味着发展一个人完整的职业身份,并不限于拥有特定的技能或完成特定的任务。和管理一样,导师这个词意味着爱和关怀,也与愿望相关联。导师并不只是需要友好和善良,更需要为博士生完成高质量的工作创造条件。本书没有特别区分导师和指导教师的概念,但是应该注意到两个概念的区别,像 Nettles 和 Millet 针对几千名博士生做的调查一样,25%的博士生并不是只拥有一名导师(Nettles 和 Millet,2006,第 99 页)。

选择使用"学生"(student)这个词,是为了相对准确地表达意思并卸下包袱;"学徒制"(apprentice)这个词语有许多负面的内涵,"学徒"(protege)和新词"学员"(mentee)没有充分强调学习概念。

[6] 卡内基博士生教师调查的结尾是一个开放性的问题:"学生通过阅读文章、在研究团队中工作、在会议上展示研究成果等活动和经历,使自己在研究的各个方面更加熟练。对于您的学生来说,什么样的经历和活动能够最有效地促进习得如何提出好的研究问题?"共有 455 名教师回答了这个问题,通过阅读答案并进行编码,将教师的答案归纳为十个大类。每一个答案都可以被归纳到这十个大类当中,90%的答案可以被归纳到一个、两个或三个大类中,没有一个答案可以归纳到六个以上的大类中。整体来看,教师的答案阐明了学徒式教学法的原理。

该问题答案归纳的十个大类具体如下:① 阅读:阅读文章或者研究报告;② 交流:同指导教师或者研究团队中的其他成员交流;③ 课程:在课程或者研讨会中学习;④ 聆听:通过听其他人介绍他们的研究工作来学习;⑤ 展示:向别人介绍自己的研究;⑥ 写作:翻译或者解释相关研究;⑦ 实践:进行研究设计并从事研究;⑧ 接受指导:跟随指导教师进行研究,特别是接受指导教师一对一的指导;⑨ 其他;⑩ 不清楚。

[7] 卡内基博士生调查中问博士生这样的问题:"你认为多少名教师可以认为是你的指导教师或者导师?"选项为"没有""一名""两名""三名"和"四名及以上"。数据呈现了每个学科参与调查的所有博士生的答案,不区分年级。图 5.1 中的数据将选择"三名"和"四名及以上"的数据合并。

[8] 卡内基博士生教师调查中提问:"您会去尝试效仿哪个人来指导学生吗?(多选题)"3/4 的回答者选了一个选项,不到 2%的回答者没有选择。选择每个选项的比例为:博士指导教师,37%;没有人,33%;本学校或者其他学校的同事,25%;同一博士项目团队的教师或者博士后,22%;其他,7%;本科生教师,5%。选择"其他人"的 49 名教师中,有 17 人特别提到了他们的博士后指导教师;6 人提到了从反面案例中学习如何指导学生,如有人回答"反向模拟"或"我会在指导我的研究生的过程中,在我觉得自己的指导教师没有做好的地方努力做好"。

[9] 卡内基博士生教师调查中提问:"在博士生完成学位论文的最后一年,您作为导师,与博

士生在课堂以外见面的频率是怎样的？"选项为："一学期一次或两次""每月一次""每星期一次""每星期两次或三次""每天""不确定"。回答"不确定"的答案不纳入数据分析。回答"每星期两次或三次"和"每天"的整合为"每星期多次"进行分析。34%的神经科学学科教师和20%的化学学科教师选择"每天"这个选项，其他学科几乎没有教师选这个选项。

［10］Maureen Estevez 参加了三次卡内基基金会的会议，认为参加 CID 给她提供了大量的机会并积累了许多经验。这个故事是从她提供的大量资料中节选出来的。我们也采访了 Carter Cornwall。

第六章

学术共同体的创建和维护

一个学术共同体的内涵远远超过一个春秋季的野餐和几个午餐研讨会。我们博士生并不是特别清楚我们拥有、需要或者能够创建什么样的学术共同体。

——CID 博士生受访者（教育学）

学术共同体是任何博士项目和组织最重要的社群。博士生需要一个能够支持他们的共同体，并从中获得同教师的联系和学生的相互支持。在共同体中博士生能够获得汇报研究进展的机会，获得教师反馈研究水平的机会，获得能够提升自身潜能的非正式互动的机会，获得学习如何成为一名年轻学者的机会。

——CID 博士生教师受访者（历史学）

Anna 是一名博士一年级新生，离开学术领域一段时间了，她非常期待回归到学术领域中来。Anna 已经深入思考了她的科研和学术兴趣，她非常兴奋地看到了一张印有一名著名学者要参加院系研讨会的传单，而这名学者与其有共同的研究领域。Anna 觉得她很有可能有机会私下请教老师问题，所以她为报告后的讨论环节做了充分的准备。

Anna 很高兴在研讨会上看到许多人，包括许多本领域的资深教师。这正是她一直期待的那种体验——在这个环境中，院系学术共同体的所有成员会聚一堂，讨论这一领域的学术创新。活动组织者在讲座之后还安排了一个研讨会，所以 Anna 期待在一个非正式的场合遇到更多同行。

讲座内容正是 Anna 所期待的。在报告结束时，尽管她有些紧张，但她确切地知道自己想要提什么问题。她鼓起勇气，第一个举起了手，但是她被一再忽略了。她很快认识到，所有提问的人都是资深教师。

Anna 感觉她所听到的问题根本算不上问题。这些问题的目的不是要引起与演讲者的交流，而且与其他"问题"无关。Anna 以质疑的眼神转向他身边的一位高年级研究生："这是在干什么呢？"

"总是这样，"他低语道，"教师利用这种场合抬高自己，重复那些陈词滥调。"他告诉 Anna 很快就会了解这种情况，并指出大多数研究生不再参加讲座，是因为他们最后都是相互交谈，而不是跟教师或讲座嘉宾交谈。

Anna 心想他是对的，听众中只有零零星星的研究生。尽管她并未彻底放弃在随后的研讨会上深入了解讲座嘉宾学术观点的想法，但她早先的热情正快速烟消云散，她内心开始有些失落。Anna 开始怀疑加入这个共同体是否会让自己"误入歧途"。

博士生研究的动机各不相同，但对他们中的大多数人来说，最重要的动机是他们对所研究的领域怀有激情。像 Anna 一样，他们想要并期待被与他们一样充满激情的人环绕。他们的这个想法是对的。学术共同体不仅是一种良好的学术氛围，也不仅仅是"春秋季的一次野餐"。它本身并不是目的。学术共同体能够实现诸如知识产出、减少隔阂和摩擦等多重目标。正如美国历史协会最近发布的一个报告所言，"从根本上说，（各个院系）都有一个共同的目的，那就是支撑起一个促进所有成员学习和发展的学术共同体。博士生的任务不仅是上课、考试和置身于各类资料之中，他们所需要的是思想与思想的碰撞，关于研究、教学法和专业问题的切磋以及将历史置于更广阔的文化框架内的讨论"（Bender 等，2004，第 98 页）。学术共同体是博士生教育的核心工作——积累知识——的重要条件，也是其基础。

在 CID 实践中，我们越发觉得上述观点非常正确。博士生期待与校园里的伙伴们一起专注于思考博士学位论文的新角度以及资格考试的相关问题；他们期待关注学科发展的新方向以及明确该发展对于未来博士生教育的启示；他们期待围绕导师制度展开辩论。我们并未完全预料到的是学术共同体在项目研究中的重要性以及博士生对于学术共同体建设和维护所作的贡献和发挥的重要作用。一次又一次，CID 的教师和博士生注意到学术共同体的概念构成了博士生教育质量的核心基础，几乎博士生教育质量要素的其他各个方面都取决于并服务于学术共同体的发展。

学术共同体影响到博士生对待创新的表达方式（是诚恳的交流还是充满敌意的对峙？），影响到博士生对待教学的评价方式（是否认识到哪名教师属于良师？），影响到博士生与学长的交流方式（对低年级学生是采取高高在上的态度还是愿意看到他们的潜力得到发挥？），影响到博士生面对挫折的方式（是迎接还是避免挑战？），影响到博士生合作的方式（协作是否受到了院系架构的积极支持？），影响到博士生独立和创新研究的激励方式（是否有多种机会去解决新问题和研究新项目？），影响到院系及其成员与研究领域保持联系的方式（对于推进到新领域的研究是否能保持积极而兴奋的状态？）……所有这些方面都不仅影响到一个院系的知识生产，而且影响到博士生培养质量，影响到博士生是否能够成为一名学者，能够为未来的工作打下坚实的基础，甚至影响到博士生是否能够成为"学科守护人"。

由于学术共同体是无形的，它很少获得诸如博士生课程和资格考试等博士生教育中更为具体的要素的那样的关注。然而，它的启示具有重要意义。那些不能融入院系群体的博士生更可能中途退学（Lovitts，2001；Tinto，1993）。最近哈佛大学的一项研究有一个重要发现：新入职的教师可能更重视集体而不是薪资待遇，这与之前的几代教师相比是一个重大的转变（《高等教育中学术生涯的协作》，2006）。如院系在招生、招聘及留用有经验教师时有一定的选择性，他们必须将博士生和教师与学术共同体的问题关联起来。

在本书的倒数第二章中关注学术共同体这个话题，是为了将其作为一个将博士生培养的相关重要主题汇集在一起的综合概念，即学者的养成、综合教学与研究以及学科"守护"工作。学术共同体对于之前章节中提出的学徒制教育模式也至关重要。我们的目标是维护学术共同体的重要性，确认其核心特性，描述培养学术共同体的战略和探索其在博士生培养各阶段的作用。

一、学术共同体的重要性

学术共同体的重要性很难准确描述,但如果缺乏学术共同体影响却显而易见,就像 Anna 的故事里一样。学术共同体也能促进学术界外广泛关注一门学科。当今的商业文学和组织理论充满如何创建提升生产力、创造力和知识增长的文化的建议。在《信息背景下的社交生活》(The Social Life of Information)这本关于信息技术产业的著名研究著作中,John Seely Brown 和 Paul Duguid(2000)指出了知识经济社会背景的力量。在一个案例中,他们阐述了施乐公司(Xerox)客户服务代表在饭桌上抑或在休息时照例与同事接洽的案例。就是在这种环境下——非正式和社会环境下——他们解决了问题,分享了看法并提供了支持。他们的经验和智慧说明,比起公司经过正式培训和记录在案的员工,公司非计划、非正式的群体对于客户服务代表——最终乃至公司——更加有价值。

Brown 和 Duguid 认为,在这类共同体中,知识是最关键的交流要素(在这个共同体里信息拥有其"社交生活")。"成为该共同体的一员",他们说道,"参与该共同体的活动,你可以获取并利用他们的知识和信息。置身于该共同体之外,这些仍会很难消化。"(2000,第 126 页)同样,Barton Kunstler 写到提升生产力和创造力的"温室"状况,强调集体智慧和集体实践的价值:"我们大多数的成就的实现正是因为一群个体齐心一致合作的结果,从而**提升 (elevated)** 了每个群体成员的道德品质、知识水平、创新素质和社会品质。"(2004,第 3 页,Kunstler 的斜体字)

文化和共同体的重要性在学术环境下也变得很明确,尤其是在本科生教育中。也许大多数高强度的工作领域都重视"学习共同体",各种链接课程安排,组织学术活动,统一主题,交叉主题。这些安排以新型、更深层次的方式为院系提供新的机会分享意见、协同工作,为本科生提供机会与同学相互交流,与教师相互沟通。总之,"如果正确的社会条件、体制结构、人际关系及个人表现机会可以创建、激发并培养,我们可以将我们的校园营造出更加精力充沛的学习和工作环境"(Tepper,2001,第 7 页)。

当提及研究生教育环境,"画面"就不会那么美好。确实,有人声称博士课程环境下，独立智慧胜过学术共同体——博士课程的目的是识别和培养个人智慧。但是我们的看法是完全相反的。确实是在一些案例中个人智慧似乎能产生惊人的新想法。对于这些人来讲——作为其学生或教师——方法就是让他们独立。但是那些真正在孤立状态中非常活跃的人是很稀少的，他们的经验不可能成为设计供大多数人使用的课程的有用模板[1]。

事实上，个人成就似乎不像它们看起来那样个体化，就像 Kunstler 所言，"温室效应……声称这些非凡的'创意'更可能出自一群经验丰富的实践者而非独立的个体"（2004，第 3 页）。在前面章节中介绍的这类互惠指导是指在指导的过程中教师和学生的观点相互影响、相互作用；第四章中讲到的合作环境也提到了生动的思想交流和反馈的重要性（如论文写作小组），合作环境具有学术共同体的特征。重点是对于初学者和经验丰富的学者来说，学术能量和激情通过参与该领域的急迫问题而被激发——无论在院系与否（在最好的学术交流大会和研讨会上持续发言）。从这层意义上说，学术共同体有一种"鸡蛋相生"的逻辑：学术观点既对学术共同体有吸引力，也是学术共同体的产物。

二、学术共同体的特点

贯穿本章，我们需要考虑到混合模式、学科特点、制度设定、学生兴趣和教师经验的需求。这种情况也适用于学术共同体拥有多种形式和兴趣。当然，一门课程或者一个院系可能拥有多个共同体和次级共同体。然而，我们的工作和许多领域研究者的工作表明，学术共同体的品质可使他们更加充满生气、更加充实、更有激情、更受欢迎，更易于学者的养成，成为研究生教育创造知识的条件程式。

（一）共同目标

我们 CID 伙伴强调了一件事，这件事对学术共同体很重要。确实，就像之前的研究指出的那样，"学术院系具有共同体的特性，因为院系宗旨和目标似乎很易于理解，更重要的是，这个目标是共同的"（Hartnett，1976，第 73 页）。也就是说，目标不仅是操作方式共同的程式，而且它是一个共同体、一个社群的目标，这可以帮助学生发展成为最佳学者，反过来有益于知识增长和创生。

就这一点而言，可以不夸张地说，学术共同体是第三章中描述的内布拉斯加大学数学系的核心要素和成就之一。围绕自己的目标和宗旨，课程教师在系里给出初学者许多"理所当然"。他们合作生成的文件反映了共同责任和"守护"工作的重要意义，学术共同体的印记。毫无疑问，文件生成过程的交流也帮助建立学术共同体。

（二）多元化

能够激发新思想和促进新发展的学术共同体具有多维度生成的潜力。并不是说要达成一致意见，真正的学术交流必须包含大量的思想，这些思想能够挑战并启发思考。借用第一章中一句话，孤立的学问很可能成为无创造性的学问，不仅如此，脱离共同体的学者、不积极吸收不同观点并坦诚直率地交换意见的学者可能会觉得工作没有乐趣。

各个院系都千方百计地寻求不同背景的生源，教师还会鼓励博士生发表不同的观点和看法。通常博士生教育项目需要应对多元化的主题，因为大多数人的思维方式不同，而且对主题的专注度也不同。但是对于多元化的一个同样重要的动机是确保交换不同的观点，丰富知识交流。共同体中每一个成员都从新的且不同的观点中受益，个人和集体的知识创新也受益于更大的多元化。

此外，一个充满朝气的学术共同体具有各个年代的人——其中一种就是博士生，被视为年轻的学术同事。博士生占据独特的地位，为知识工作作出贡献，因为博士生能够带来新鲜的视野。研究小组成员包含尚未经历"类别固化"的新晋学者，这些新晋学者往往会使经验丰富的学者从创新思想和主题视角中获益。确实，CID 最重要发现之一是博士生能够对院系学术事业作出重大贡献。

（三）灵活性和宽容度

最具生产力的学术共同体是那些勇于为博士生提供试验机会和敢于冒险的人。毕竟，学习意味着犯错误和验证早期思想。就像 Maureen Estevez 听其导师所说（在前一章结尾的案例），之所以失败是因为"不打破常规或不犯错误"，即错误是力量的来源，而非浪费时间或资源。遗憾的是，院系通常没有时间和资源对可能无法成功以及所谓"高产"的项目进行结构化立项和资助，反思和思考的需求被大大低估。创造一片空间（无论字面的还是隐喻的），尝试新的理念、"敢于冒险"、退一步思考并反省已经学到的东西对学术共同体来说至关重要。

（四）礼貌和慷慨

第五章中指出了培养博士生学习的学徒式关系的重要性。同样，学术共同体很大程度上取决于积极关系。院系的每一个成员不可能取悦所有人，任何人都不需要成为最好的朋友。但是显然学术共同体关系密切，通常气氛应该是文明、礼貌、慷慨。正如关于博士生教育早期的研究发现：对于博士生想要获得"群体感或凝聚感"，研究者描述为"社交关系网以及专业、学科化的学者群体"和"合作精神、开放和信任，而非怀疑、嫉妒的环境，普遍存在的偏执似乎是院系活动的本质"（Hartnett，1976，第71页）。创建一个适宜的行政环境，礼貌待人、尊重不同观点是学术共同体的必要方面。确实，如果没有礼貌待人、互相尊重的氛围，就无法进行真正的学术交流。就像一位 CID 参与者解释说，"即使观点不同但可以存在友情"。

一个活力四射的学术共同体的成员对自己的时间、思想和反馈都非常慷慨。慷慨来自共同体所有成员必须团结互助、共谋成功的假设，确实共同体成员承担着彼此帮助取得成功的责任。成功和成就不是零和博弈，一个人的成功不能建立在其他人的损失上。有了这个意识，共同体成员分享机会（"您是否已经看到此经费申请？"）、人才资源（此处有三篇文章您可能会觉得有帮助）和联系方式（让我把您介绍给 Kim 教授，因为你们会发现彼此的工作很有趣）。如果共同体中高年级的成员对自己的专业知识很自信并承担起培养下一代学者的责任，我们就会觉得很慷慨。

学术共同体的每一个要素——共同目标、多元化、灵活性和慷慨性——促进着知识、思想和学者的养成发展。确实，博士生教育（或其他教育）中学术共同体的首要特性是以知识为中心的知识建构过程，正如我们从认知科学中所知，知识建构是"基本性社会"（fundamentally social）创新（Wenger，1996，第3页）。此观点表明需要尽可能在博士生教育的各种背景之下建立并维持学术共同体。

三、培养学术共同体的活动

学术共同体不仅仅是一种学术氛围，学术共同体也不是偶然或突发形成的，学术共同体的形成需要做大量的工作。院系和博士生（博士生必须始终等待院系行动）必须寻找并抓住机会，展开各种有利于共同体建立的活动，部署战略并架构结构。或许这意味着院系展开新的活动，但是也可以说是重塑博士项目既有要素，并且要素特性带来重大变化。无论如何，我们需要的不仅是不间断地培育学术共同体，还要关注其质量；我们要采取具体行动推动共同体的建立。下文的八条就是在 CID 中不同环境下都非常有用的策略和行动。

（一）学生完全投入院系生活中

因为博士生必须逐渐独立从事教学任务和研究工作（如第四章所讲），他们必须逐渐适应其他院系的活动。拥有良好的学术共同体的院系的标志是博士生参与院系活动的层次：在委员会供职、管理系外学者、规划展会、指导更多低年级学生和制定策略。参加这些活动是拥有更大话语权的途径。正如 Michael Oakeshott（1962，第 198 页）曾经所称的"未经过彩排的学术探险"，如果将院系和学科领域定义为共同体、社群，博士生（尤其是初学者）需要获得明确的邀请和参与途径。例如，在回答本章节开头 Anna 故事里讲述的类型的问题时，匹兹堡大学历史系形成了一种讲座规则：前三个问题必须由博士生提出。这一小小的举动表明了院系对真正学术共同体培养的态度。

（二）协同工作设计课程

就像参与任务陈述工作或院系目标设置一样，课程设计和课程开发可以使博士生围绕目标问题思考。尤其是院系在共同创建核心课程时会发现，他们很快会从讨论某一特定内容转移至关于该领域应该知道什么的更大争辩。例如，科罗拉多大学教育学院的教师们加入关于他们的博士生应该知道并且应该能够做什么的长期讨论。尽管这个过程通常会持续很久，现在不管是教师还是博士生，都清楚地知晓学校所有博士生预期的课程作业、课程内容以及博士生需要掌握的技能。这一理解正在改变博士课程的其他方面，包括综合考试和论文预期（参阅科罗拉多大学教育系网页，改革教育研究准备，网址 gallery.carnegiefoundation.org/cid）。密歇根大学化学系的博士生有机会与教师共事，设计本科生课程，改变辩论思路并创建专业群体。

（三）分享跨领域研究

每个系都拥有其课程领域，通常拥有本系朝气蓬勃的学术共同体。但是有时候，只关注内部群体会导致忽略与外部群体进行跨知识领域的联系。因此，创建学术共同体的战略之一是结合各自专长创建研究讨论课；随着学科界限的模糊这样的联系尤为重要。与不同领域或学科的博士生联系可促成新的合作，邀请学生组织、参与博士生活动对知识构建和专业发展都大有裨益。

（四）打开教室大门

无论是正式的还是非正式的分享研究思想、学术观点都非常重要，这样教师和博士生会了解同事们的教学状况。对于研究生来说，观察他人教课的方式和内容不仅有助于拓展其教学技能，还可以观察不同的解释方式、不同的比喻说法和阐释该领域关键理念的不同方式。对于教师，观察同事和博士生不仅可以交流各自工作中的乐趣，还有机会反省各自的教学质量。很多学者称之为"打开了教室大门"的院系，隐喻创建了一类特殊的学术共同体环境，有人称之为"教学切磋空间"（Huber 和 Hutchings，2005）。

（五）允许风险和失败

学术上大多数的重要突破是在允许风险和失败的环境中建立的。但是很少会有院系将这些机会在课程中详尽阐述。通常，教师会在一对一课堂、实验室告诫博士生要敢于冒险，或者只是提出相关建议。第五章中 Maureen Estevez 的故事重点讲述了一个案例，她描述她的指导教师如何指导、何时介入、何时放手，她的指导教师告诉她："你的工作就是经常犯错误。"但是为何不能将这些面对风险和失败的案例和经验系统开发为教学资料？一位 CID 历史学家给出这样的回答：演讲者在讨论会上谈论的是不起作用、无效的项目，他们又怎能在失败中前进，怎能让无形、神秘甚至可怕的过程明朗。

（六）留出时间反思

我们许多 CID 伙伴，尤其是神经科学项目组，利用院系的几个小时或者几天休息时间远离琐事，根据具体问题，开展正式和非正式的思考、讨论、辩论和创作；还有某些院系休息时间，让教师和博士生讨论利用 CID 及其目标和结果的指导性问题。我们很清楚地知道不是所有人都能在休息时间休息，但是在日益被"产出"取代的学术文化环境下，留出时间思考，创建可以认真思考的学术共同体是一个强有力的信号。

(七）为学术共同体创建实体空间

大多数关于组织文化的研究指明了非正式交流的价值；Brown 和 Duguid 称之为"附带学习"（incidental learning）（2000，第 72 页）。尽管从定义上来看这样的学习没法安排，但是如果提供非正式交流的场所，这样的机会就会增加，咖啡厅、厨房、休息室、布告栏和电子空间，只要院系成员可以相互沟通并了解项目活动即可。本着这种精神，得州农工大学英语系每周会在固定的时间为博士生们提供点心，邀请博士生共聚在一个新的休息室谈论他们认为重要的事情。

（八）社交活动

尽管学术共同体需要的不仅仅是"晚餐会"和"垒球比赛"，社交活动无疑可增强拥有牢固学术关系的共同体的能力。这些个人和非正式的交流不仅可以给人示以友好，还能为更深知识接触建立基础。本着这种精神，许多数学系的博士生养成喝下午茶的习惯——博士生和教师共聚一堂讨论并分享想法和问题的固定非正式时间。没有日程表，欢迎每一位博士生参加，这种场合适合博士生在相对轻松的环境下了解教师。

当然这些活动、战略和结构仅仅是创建和维持学术共同体的一些方法。这背后的很重要的一个条件是院系或课程的所有成员必须刻意求思、果断行动、落实文化要素，使所有成员拥有充满活力的精神生活。

四、学术共同体和学者的养成

现实中无疑有许多种提升学术共同体的方法。但是关键在于不仅要创建场合，还要确保这些场合能够促进培养研究生成为"学科守护人"的学术和专业发展。"增加学术交流的场所很容易，"一位 CID 小组成员指出，"但是我们怎样增加带有语境和思想的参与程度？将人们聚集在一起谈论彼此工作很容易，但是我们如何刻意培养学术特性和学者形象？"（参阅华盛顿大学圣路易斯分校英语系的网页，创建学术共同体，网址 gallery.carnegiefoundation.org/cid）这些问题强调院系应将学术共同体作为一种方法而非一种结果。仅仅增加活动不一定会带来更多的知识接触和发展。更确切地说，这些策略必须与预期结果相联系并且必须根据预期结果进行评估。出于这种考虑，基于第四章中渐进发展的概念，本章最后一节从三个方面探究在博士生渐进发展进程中学术共同体怎样推进学者的养成。

（一）成为该共同体一员

在回答博士生调查中"请你谈谈成为该共同体一员的感受"这个问题时，许多博士生调查受访者辩证地写了关于自己的积极和消极经历。英语系一名博士生这样写道："我对我院共同体的感受实际上是我选择本院研究生教育项目的决定性因素之一。尤其是在我的研究领域，我发现我的同事们愿意敞开心扉在学习上互相帮助，愿意就当前的研究彼此交换意见，并分享经验和资源（尤其谈论到教学），完全没有像我准备学习时在其他学院感受的那些恶性竞争。总之，我想说研究生之间的同伴互助关系提升了学习环境。"

这些话道出博士生工作早期阶段学术共同体的重要性——确实，影响到课程的选择。即使一个院系形成了良好的学术共同体，但总会有新的成员需要加入院系的学术生活。考虑到这一挑战，一些博士生教育项目非常重视学生进入共同体并成为共同体成员的方式。

当然学生进入研究生生涯时背景各不相同。"社会化对于新生来说不仅是受到组织深刻影响的静态过程，"一位研究生教育知名学者说道，"社会化还是新生个体为组织带来经验、价值和思想的动态过程。"（Austin，2002，第97页）院系的挑战在于在尊重博士生差异的背景下，来寻找方法确保博士生达成研究生教育目标和预期。

某些教育学和神经科学博士项目往往在研究生第一年关注CID研究工作，一定程度上是为了适应这些研究生给项目带来的多样性。密歇根大学教育学系重新组织安排博士生第一年的教育经历，来帮助博士生平稳过渡。学生背景、年龄、种族和学术准备各异，这些似乎是构成学术的力量，其实更是一种挑战。"我院创建共同体的主要工具是采用系列研究方法为一年级新生制定核心课程。"除了给予博士生一致、连贯的上课体验并分享新的经历，此方法意在"在深度专业化之前丰富博士生共同经历"（参阅密歇根大学教育学系网页，创建学术共同体，网址gallery.carnegiefoundation.org/cid）。教育系研究生教育项目通过加强一年级研究生学术和社交活动，希望加强学生与共同体的联系。

明尼苏达大学神经科学教育项目面临一个类似的挑战。该项目始于1986年，教师意识到他们需要一种将不同背景的博士生组织起来进行培养，为满足这一需要，在学习之前新生需要参加暑期集中培训。伊塔斯加（Itasca）神经生物学课程历时五周，每周一个新模块。教师每周轮流教授新模块，分为两个或三个小组，通常与博士后或者高年级研究生共事。培训场地距离校园 200 米，因此博士生和教师工作和生活在一起，来打造课堂及文娱活动中新的同事关系。"只有在这个地方你才能沿着古朴的河边漫步，观赏到罕见的红冠黑啄木鸟，闻到明尼苏达州凤仙花的芳香，然后在试验基地坐下，评估海马脑片记忆痕迹的生成，探索水蛭神经节的突触结构，"伊塔斯加项目组织者说道，"在伊塔斯加，教师和博士生之间在实验室内外均建立起牢固的关系。确实，有时候最有价值的讨论发生在早餐桌上，或者是在乘独木舟游览期间。"反思这段经历，一名博士生陈述道："伊塔斯加项目最重要的影响之一是能够与当前和未来的研究员建立良好的人际关系。除了日常生活分散注意力，这段经历激励我不但要认真研究神经科学，还要在科学社群中与他人协作。"（参阅明尼苏达大学神经科学研究生项目网页，伊塔斯加神经生物学课程，网址 gallery.carnegiefoundation.org/cid）

确实，该项目体现了本章前面所述的强大的学术共同体的许多特性：有着明确的目标、敢于冒险、专用实体空间、社交元素、多元化及尊重宽容的氛围。项目评估也达到了目标，例如，"在研究团队中融入同行协作，进而促进核心课程取得成功"。

某些 CID 项目为新入学的研究生开发了结构性的辅导计划。如前面所述，美国南加州大学数学系正在尝试采取"辅导三人组"的模式。指派一名教师和一名高年级研究生导师共同辅导新生，确保从两个不同的观点汇集到院系共同体。从理想的角度说，这种关系会持续不止一年，因为新入学博士生会成为高年级博士生，继而成为其他新生的导师。

（二）从初学者到全面参与者的转变

一旦博士生熟悉院系共同体，就需要从被动接受者向主动贡献者的角色转变，换言之，如心理学家 Jerome Bruner 所说，从"了解"到"认知"的转变（Brown 和 Duguid，2000，第 128 页）。据若干年前的研究生调查，博士生"想要成为学术共同体成员而非处于其外围边缘"（Heiss，1967，第 43 页），对于所有博士生来说这个转变是至关重要的，因为他们认同并践行着学术共同体的思想、技能和习惯,这些正是他们希望在学术共同体中发展而获得的。

但是如何发生这一转变?带着这个问题,我们询问参与 CID 博士生调查的博士生关于其参与院系活动的程度(参阅表 6.1)。可以预料到,回答参与非正式活动的人数较多,诸如给予或接受同学反馈及指导其他学生。令人可喜的是博士生似乎找到了相互学习的方法,但是也有丢失机会的现象。正如这些数据显示,院系可以更充分地利用既有结构让博士生参与更正式的群体活动,诸如院系委员会教师招聘和招生。这些经历可以为博士生在专业发展中遇到的所有角色提供实践机会,可帮助博士生向全面参与社群活动转变。

表 6.1 博士学位论文阶段参与院系服务活动的人数百分比[2] %

在教师招聘中担任正式角色(诸如在招聘委员会任职)	16
在研究生招生中担任正式角色(诸如在委员会,接待学生)	31
在院系委员会任职,与教师共事	36
指导本科生	43
学术共同体一员,能力超越同学,包括比我高的或低的年级同学	50
指导其他研究生	56
给出或接受同学在工作进程中的意见或工作反馈	82

数据来源:卡内基博士生调查

该数据还显示,鉴于博士生很喜欢学生社团,有许多博士生还未能找到与教师建立友好关系正式或非正式的途径。了解这一目的的一个简单途径是询问学生经历。某些 CID 院系拥有成功的对话交流会——让博士生分享经历并提供教育反馈的开放型讨论会;教师和博士生们都感叹他们在此过程中学到了很多他们不曾预料到的东西。这种跨角色、跨代交互保证了学术共同体不仅能够汇集好的思想,还能培养博士生向全面参与者发展。

最后,一些 CID 项目特别重视发展博士生的专业和学术身份。比如说乔治城大学神经科学跨学科项目,着眼于减少教师和博士生之间的等级观念,项目采用课程论文、期刊俱乐部、体验学习和"午餐会"(neurolunch)的方式,即博士生向一群师生展示研究的公开讨论会,把博士生带入更大的学科共同体圈子:"项目负责人将职场上的成功和在学科共同体中的参与度直接联系起来。科学进展不是神经系统科学家成功的唯一决定因素。他们还必须……与其他研究者会面并分享观点，推进研究领域目标，促进政府和私人基金会获得资金的个人目标，告诉年轻人关于神经科学未来职业生涯的机遇，增强群体对神经科学研究强调的公共卫生问题的意识。"（参阅乔治城大学神经科学跨学科项目网页，支持学术共同体，网址 gallery.carnegiefoundation.org/cid）案例 6.1 中强调每一个活动都能促进博士生专业身份的养成，尽管这些活动仅仅作为支持性环境存在。博士生们在毕业前承担这类工作，有利于其在学术共同体中扮演初级同事角色，发挥重要作用。

案例 6.1　在乔治城大学神经科学跨学科项目中发展专业身份

对神经科学跨学科项目博士候选人的要求远远超过对课程论文和学位论文的要求。下述每一项活动（其中一些是必需的）在博士生专业身份形成中都起到了重要作用。

- （作为一年级博士生）参与模拟 NIH 类型研究部分，根据拟定草案，同学在这个研究参与中撰写小型经费申请，一个典型的 NIH 经费审查委员会了解经费申请撰写过程，并学会给予和接受批评。
- 论文研究时互相指导，多元化指导和知识来源，创建跨学科合作。
- 在乔治城大学举行年度研究讨论会，促进科学家之间的交流，获得积极和消极反馈，培养实用的演讲技能。
- 尝试申请校外攻读博士前奖学金，以培养辩护研究目标、健全研究计划和应对批评的技能。
- 参加有外校发言者的研讨会和期刊俱乐部，扩展知识和技能，提升协作技能，发展社交技巧。
- 在"科学领域生存技能和伦理"这门精心设计的课程中努力克服伦理困境，发展良好的专业判断力。论文阶段的学生作为专题讨论小组成员参会，从新的视角重新审视问题。
- 在专业会议上作为助理研究员与同行科学家和公众分享研究目标，发展社交技巧和协作技能。

- 参与"下午茶"讨论,"下午茶"是月度非正式师生集会,期间讨论具有更广泛社会影响的有争议的话题,把问题摆在桌面上讨论,旨在成为有道德的科学家,培养学生对自我知识和价值的信心。
- 与论文导师协作,共同制作"神经科学概论课程"教材,以便研一学生了解在各实验室研究的课题,学习与初学者交流复杂科学的方法。
- 在学生组织、学生指导的"脑部失调与疾病"课程中教授(可能作为课程导师)本科学生如何培养教学技能。
- 暑期在其他机构(美国或国外)的实验室开展调研工作,接触新的技术、环境、文化和研究方法,扩展学生的社交关系。
- 担任教育项目管理委员会代表(招生、课程、新生咨询、执行者),了解项目管理事宜,培养领导技能。
- 在同行审阅的学术期刊上发表研究成果、交流意见并与整个领域专家协作。

资料来源:K.Gale,2007年2月9日发给读者的邮件

(三)从院系向学科和专业共同体迈进

尽管院系是博士生们首要的学术家园,但是他们的工作也在学术或专业领域的较大背景下形成。因此,随着博士生在博士生教育中取得进步,他们的经历必须逐渐得到拓展,以便融入该领域较大的学术共同体,甚至他们的特殊兴趣可能需要精化和深化。

博士生成长为学者的方法之一是与其他共同体的专家进行学术交流与合作,我们很想知道他们参与交流的程度。在 CID 博士生调查中,我们让受调查者查看博士生与更大范围的学科共同体相联系的公共活动表,并告知我们他们都参加过哪些活动。图6.1所示为"我们认为很少有人参与的学生比例"和"全面积极参与学术交流的学生比例"。所有领域论文阶段的大多数博士生都参加讨论会和阅读期刊,但是很少有人将自己视为更广泛社交网络的参与者,很明显在这方面还有很大提升的空间,此类联系和社交对学术成功至关重要,但是培养"学科守护人"的教育项目可能需要寻求方法来扩大获得这样的机会,而不仅仅是在工作的最后阶段才如此。

除了这种学者之间面对面的联络,博士生全身心参与到其他学术共同体和组

织文化中也能促进学者的养成。拥有这样机会的学生做好了过渡到新的专业领域的充分准备,毕竟从某院系毕业的博士生成为另一院系的成员,并为每一方的利益服务,包括应届毕业生、招聘委员会和行业等,不是那么容易的;如果博士生有在多元化组织环境中的实际经历,那么他们可能会更好地做好过渡。一些学科学会专注于帮助学生顺利过渡,但是最为广泛的创新是未来师资培养计划(PFF)课程,起初由美国研究生院委员会(CGS)和美国高校协会(AAC&U)联合赞助。

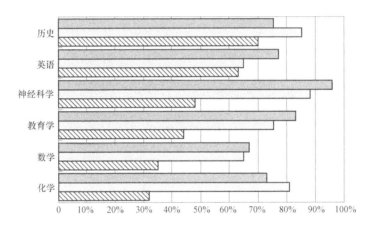

图 6.1 学位论文阶段学生参加学科共同体活动的比例[3]

未来师资培养计划是一项国家行动,旨在培养有抱负的教师为其职业生涯做好准备。正如其网站上所说明的,"未来师资培养计划为学生提供机会,观察并体验不同学术机构教师责任,不同的学术机构拥有不同的使命,学生素质不尽相同,对教师的期望也不一样"(未来师资培养国家办公室,日期不明)。该计划的三个主要特性是:提供机会让学生体验母校外环境下教师的全部职责;多个导师就研究、教学和服务给出反馈;多元机构,例如,包括博士生教育机构、文理学院、社区学院和综合大学。计划总体目标是以系列专业和学术行为帮助学生在毕业之前真实体验他们未来可能工作的岗位。

尽管未来师资培养计划的最初重点是为学术职位做准备,许多大学扩大它们的活动还包括为商务、政府和非营利机构培养人才（通常称为培养未来专业人士）。就CID来说，此计划最重要的成就之一是激励师生明确思考博士生研究和未来职业生涯之间的联系。参加这些活动的学生有很多机会去体验不同类型机构和社群的生活，无论是学术或是其他类型的共同体，都有助于培养学生成为"学科守护人"。

最理想的是，到此计划结束时，拥有这样的经历，能够身处与自身发展相吻合的学术共同体，博士生已经对自己的研究领域作出学术贡献，培养出宽宏大量、受人欢迎的品质。他们能够定好位，达到第四章开头中描述中的工作期望。还有，届时他们能够贡献或有能力创建更大的学术文化和社会文化——这是我们提出的"守护者"思想的核心。Donald Hall，英语系教授，写过关于职业发展的广泛性文章，在其论文《共治和研究生院培养》中完美地描述了这一愿景。"共治意味着我们机构内负责任的公民意识，拥有我们国家和全球负责任公民的相同品质：体贴、关注他人需求、仔细聆听并参与有意义的交流，协同解决问题和抓住重点的能力，最后，承诺善待他们，尤其是那些无选择权的人。"（Donald Hall，2006）

大于其活动和结构总和，学术共同体既反映大量地交换意见和观点，又是大量交换意见和观点的产物，描述学术生活最佳状态。学术共同体以知识为中心，同时以关系为基础，其重要性在于创建环境，使得所有合格学生在无尽可能的环境下取得成功，成为本学科、学术界负责任的守护人，为更大社群作出贡献。

注：
[1] 这个案例是讲资助的时间如何影响博士生参与真正的学术共同体。奖学金往往是一种"透支"，"诱惑"博士生参与项目研究，此方式通常可保护博士生免受一些行为活动的负影响（例如，担任教师或研究助理），将其融入本院系学术共同体，目的是给予其时间专注自己的学术，但是可能会产生的后果是他们与同行和其他学者之间联系的割裂。因此，奖学金最好是在后几年分配，等博士生建立起有助于其成功的学术社交网络后再实施；或者有目的地采取行动让博士生参与成长过程中的教育活动。
[2] 博士生调查问卷中问："博士学习期间，你参与了下述哪些加入本院系共同体的活动？（可多选）"问卷上70%的选项如表所示；表6.1中显示做出肯定回答的各学科学位论文阶段的博士生的比例。
[3] 博士生调查问卷中问："博士学习期间，你参与了下述哪些加入更广泛的学科共同体的活动？（可多选）"问卷上3/8的选项如图6.1所示；图6.1中显示做出肯定回答的各学科学位论文阶段的博士生的比例。

第七章

博士生教育改革
——付诸行动

> 我们绝不缺乏需要改变什么的想法，我们需要决定是否要做出改变。
>
> ——Tony F.Chan[1]

一个世纪以前，William James 在其著名的文章《章鱼博士》（*The PhD octopus*）中，讽刺了博士生教育中对博士生和院校的扭曲控制（James，1903）。在这期间，"我们需要改变什么的想法"被大肆宣扬，"头足类动物"在许多方面得到演变，但是进化必须继续。确实，鉴于知识生产方式正普遍发生根本性转变，博士生教育即将发生翻天覆地的变化。

好消息是，发起下一轮改革的人才储备是充足的、丰富的，本书中的案例印证了这一点。据 Kenneth Prewitt 的观察（正如我们第二章的引言所阐释的那样），"美国研究生教育的独特性在于其没有唯一的掌管者"（Prewitt，2006，第 23 页）。没有一个有魄力的领导人，没有一个博士项目，没有一个单独的组织或共同体可以完成博士生教育面向未来的改革。要把博士生教育有效地延续至未来教育，没有任何一劳永逸的补救措施可以影响这样的变革。准确地说，我们所需要的是全体成员在许多方面一同积极采取行动——每个人都把自己的独特优势（和局限性）作为促变的因素。现在只有那些关心博士生教育的人将力量汇集起来，才能推动博士生教育向前进，最后一章旨在直接面向那些准备向前推进的读者。

一、讨论

本书基于这样一种理念，博士生教育为下一代学术领导者提供独特的、富有成效的"温床",但保持博士生教育持续健康发展也具有相当高的风险。我们的核心主题——学者的养成、教学和科研的融合、学术共同体和"学科守护人"——反映出卡内基博士生教育促进计划的许多丰富的讨论和经验。我们相信这些可以引导那些愿意分享我们的理念的人,即博士生教育改革不是一种选择而是势在必行。

我们的博士生教育改革的理念通常通过"存在性证据"(existence proofs)的方式体现,特别关注教师和博士生的相关研究。秉承这种理念,我们案例的描述对象是那些慎思博士项目的目标、评估当前博士项目的要素、采取行动使博士项目的目标与实践更加切合的人。通常案例是不完整的,案例里面不总是幸福快乐的事情;一些改革是很成功的,一些则不然,多数情况下改革的最后结论还有待分晓。我们给读者的信息不是特定的创新,不管成功与否,而是对持续改进的承诺:审议目的,询问有效性问题,收集证据形成一段时间的改进,并采取行动。从传统上讲,研究生教育对这些工作几乎没有习惯和工具,但是现在越来越多的博士背景学识的技能和义务正转向教育工作本身。随着博士生教育进入未来世纪,这一新兴文化的论证验证了真正的进步。

但是证据尚不充足。如果需要用一种有意义的方式改变方向,我们就需要一个指南针。这本书就是建立在一系列的指导原则上,首先是广义、综合的学者的培养的概念。在研究完胜教学的背景下,我们想象通过重复练习将每一位初学者同时培养成一名强有力的教师和研究员,推动学生在两个轨迹上前行。学者的培养的其他方面也至关重要,包括服务、领导能力和道德实践。必须注意这些领域之间的联系,必须关注将广义、综合经验与深化、专注经验相结合的价值,必须关注协作方式的力量。

很显然的是,依据这些原则,传统的学徒制模式必须扩大并修订,以便为"学科守护人"的养成创建新的标志性教学法。鉴于学徒制培养模式在某些领域和学科中发展迅猛,但是在其他学科领域毫无进展,说明我们需要践行更加有目标、更加协调、更加多元化的指导形式,对博士生经历担负起集体责任。反过来,这些变革有助于学术共同体的培育,这和发展培养未来从事不同职业的博士生的课程同样重要。确实,新学徒制度往往只在充满活力的多元化参与的学习共同体中蓬勃发展,并且伴随着有周密计划的、有目标的博士生教育方法,这些通常是我们所稀缺的。就像卡内基基金会主席Lee S.Shulman在一次大会上指出的："新学徒式关系是知识共同体、道德共同体的有效教育方式：这就是事实！"

这一博士生教育愿景所面临的挑战让人望而生畏——这些挑战大多是众所周知的。正如多数美国博士生教育观察者阐释的那样，美国博士生教育在教师奖励制度和机构资助制度方面有强大的阻力，不利于学者养成和"学科守护人"融合模型的形成；此外，博士生教育中博士生学习"漫不经心"的特点往往与学者养成所需要的精神背道而驰。在这个意义上，最需要做的事情不仅是到处进行新的实践，还有更深层文化的变革。

当然这些变革必须适应各种不同的环境。没有唯一的准则或模式可以适用于不同院系和学科背景的博士生教育，也没有唯一的准则或模式可以适用于多元化背景的学生群体。当然，也没有一个可以通用的课程。我们将这本书视为体现多元化的课程结构和博士项目要素的成果，可以在不同的环境中支持博士生的养成发展。在化学课程中适用的不一定在历史课程中也适用（尽管学科之间可以相互学习），印第安纳大学博士生教育显现出来的机遇和挑战与佛罗里达国际大学也完全不同。本着这种精神，本书的观点是：博士生教育最重要、最持久的变革必须由博士生教育利益关切者发起和主导，包括教师、博士生和其他人。

二、响应号召

如果读者已经意识到我们的观点切中要害，但是尚未受到启发而拿起领导变革的"缰绳"，那么我们还没有达到目的。可以肯定的是，博士生教育改革需要集体协作，本书中提出的博士生教育这一愿景的一个鼓舞人心的特点是，同一个主体会从一个角色转变为另一个角色。最初的研究生最终成为教师和校友，大多数的管理者、资助者、评审人曾经也是研究生和教师。因此以"传帮带"的方式促进博士生教育质量提升的观点、思维习惯和机会在时间上是充裕的并且是相互联系的。交叉性地、多"镜头"地探析博士生教育所面临的机遇和挑战正在加强。

一个集体首先是一个为激发其成员个人领导力而付诸行动的团队。那么，每一个个体能做什么？这本书中提出的博士生教育的愿景以博士生和教师为主体，当然还有其他重要角色，包括校园管理者、专业学会、资助者和评审人，我们对其中每一个群体都有相关的建议。

（一）博士生

就像许多社会机构一样，教育（无论是哪个层次）往往是一类封闭的系统；各模块在一定程度上相互关联，很难将其中一个排除在外。研究生之所以能为博士生教育改革的过程、为自己的教育经历（毕竟也是改革过程一部分）带来特殊的力量，是因为他们尚未完全处于该系统之内。有时候，这种身处系统之外的感觉可能是焦虑和挫败的来源，但这也是另一种力量的来源。博士生带来新鲜的"镜头"来审视博士生教育，带来不同的视角和青春的激情，有能力提出一些其他人认为是理所当然的问题。就像我们在本书中提到的，在CID项目中，博士生拥有强大的力量推动博士生教育变革。

本着这种精神，我们督促博士生参与并协助院系主导科学研究，评议自己所处的博士生教育过程：博士生教育是怎样运行的、运行得怎么样、如何改革才能迎接新挑战。让博士生参与到博士生教育中，让其他相关的主体也参与其中，只有参与其中才会提供更多有效的信息。

此外，我们鼓励博士生寻找各种平台和学术共同体，在其中他们可以不断回答学者需要明确的一些基础问题：你为什么想要研究这一领域？是什么点燃了你的激情？你期望从研究生院得到什么？你需要和想要学习什么？你如何为你自己和其他人创造这样的机会？

另外，将这类有目标的学习方法带入博士生自身的学习中，也可以让博士生获得领导经验以及担当大任的满足感。与他人一起评议教学过程及其运行模式，可以让博士生成为一名更加优秀的学者——无论是现在还是在完成博士学习后真正进入职业学者生涯。当然，教师也发挥着重要作用，他们以个人或是集体的形式，创建了一套培养博士生成为"学科守护人"所需的知识、技能、价值文化和经验。但是最终博士生必须对自己的学习负责，优秀的博士生对自己的学习有决心，知道自己的学习目标及达到目标的方式，善于掌控自己的学习进程；善于寻求学习良机，寻找满足既有需求的方式方法，从而使自身的学习更具有进阶性、综合性和协作性；积极培养多重指导关系并寻求利益互惠的方式；请求加入院系委员会；招待来访嘉宾或组织一个研讨会；最重要的是，让博士生知道，博士生学习生涯是在学者养成远航过程中必须自己掌舵的一个阶段。

（二）教师

"教师"一词可指代个体、集体或群体，他们都有能力塑造研究生学习经历的特性和质量。教师是楷模、博士项目的设计者和实施者、导师和指导教师。正因为如此，可以说教师比起其他群体对博士生教育及博士生未来职业生涯更加"负有责任"（回应一下 Prewitt 的观点）。那么，无论是教师个人或者集体能为博士生教育改善作出哪些贡献？

首先，我们建议教师站在博士生的角度看待博士生教育经历。就自己所在的博士项目询问一些你可能期望博士生询问的问题，然后再询问博士生本人。就像我们在 CID 中谈及的那样，教师的观点和博士生的经历完全不一样。这些差异就要求教师（有时督促教师）提出疑问，认真思考并做出创新行动。因此，我们鼓励教师从学术角度看待博士生经历。这也许意味着教师应该同博士生认真地一对一地谈话，更系统化地了解博士生，认真组织博士生讨论小组。做到以上几点，教师会对自己在博士项目中的所见所闻感到惊讶不已。

其次，我们建议教师就教育目标与博士生进行有问题针对性的交流。没有这样的交流，就不能找准问题，指导博士生取得进步。与其他教师聚集在一起，清晰明确地谈论你个人及所有教师希望博士生在博士项目过程中有怎样的收获：博士项目应该培养博士生获得哪些知识、技能和品格？你所研究的领域现在的"学科守护人"是什么样的？你觉得未来的"学科守护人"会跟现在的有什么区别？你所在的研究项目各要素的目标是什么？它们又是如何一步步建立的？教师应如何确保博士生培养综合职业身份，让其做好迎接学术生活的挑战？如何重新定义学徒制，使其更趋向集体担负博士生成长责任的愿景？

这些问题的答案应指向新的方向。时间紧迫，改革是有风险的，忽略个人职业目标是有些目光短浅。但是到最后，没有充分利用时间、被现状征服，甚至会更加危险。因此我们想对教师说：无论一个博士项目多么成功，没有任何一个博士项目是完美的。有时候需要做出痛苦的抉择，抛弃不再符合目标要求的项目要素，当前没有想到的新的要素也许需要添加进来。"三思而后行"，应该听从个人领导和集体意愿，作出正确的决定。

这一愿景需要教师在博士项目实施的过程中不断改进。如果没有目标，那又如何达到目标？如果我们拥有目标，但是没有坚持，那我们又如何知道博士项目成功与否？这一点不仅仅意在收集信息并呈示给官方，以作为支持现状或请求拨款的凭证；而且在于揭示博士项目的优势和劣势，并挑战自满懈怠，为积极改革营造环境。这些研究数据能够反映多方面内容，但是对于学者来说，其基本的承诺、责任是难以回答和论证的，这些是不能忽视的。

（三）大学行政管理者

博士生教育改革围绕着博士生学习的一些根深蒂固的习惯、风俗和文化展开，往往发生在院系层面，通过师生的共同努力、博士项目工作人员的支持而完成。董事长、教务长、院长和系主任拥有更多思考博士生教育改革内容并付诸行动的权力和机会。尤其是当博士生教育项目的改革创新受到强大外力限制，而这些外力在学校范围内时，大学行政管理者有责任了解所面对的困境并给予帮助。

第一，行政管理者有充分的机会发出关于博士生教育质量重要性的信号，例如可以讲出问题、展示问题、讨论问题，这样可以揭示出博士教育目标和实践中遇到的难题。行政管理者还能够竭尽所能提出院系改进方案并从其他可及和可视的环境中寻求好的想法。行政管理者还能够为校内和校外博士生教育项目之间牵线搭桥，这是很重要的，就像 CID 项目所展现的那样，教育项目之间可以互相学习借鉴。

第二，大学行政管理者还可以设法将本科教育中的创新与相应学术领域更高层次的发展联系起来。正如在本书中多次指出的那样，前者逐渐成为新学习方法的研发地，对于分享一些好的理念和思想大有裨益，比如如何促使学生在一系列的研究活动取得创新性的、开创性的学术成就。当然，加入诸如 CID 这样的国家项目，是接触新能量、新创意和新声誉的途径——有时候也可以得到新资金，再少的资金也能激发认真努力的态度。

第三，大学行政管理者能提供给我们的不仅仅是资金，还有关注程度。作为一名行政管理者，你可以与学校理事或者其他领导者一起通过强调该领域的重要性和明确发展方向来支持某一领域的发展。行政管理者其实是一名为资助项目、聚焦关注、形成权威把关的"守门人"。

第四，行政管理者还可以落实问责机制。带来资源的同时当然也要求结果。例如，院系层面的评议应根据论证来认真考量，行政管理者则可以站在"需求方"的角度为数据对接市场。行政管理者知晓怎样评价博士生教育项目的改进和创新。当你承担改进博士生教育质量的系级责任时，试问，你如何发挥自身资源担负起自身责任，完成这一任务？

卓越成就的动力依赖竞争力和协作伙伴关系，利用这些战略来奖励并激励创新是伟大管理的神来之笔。

（四）外部合作伙伴

只有来自工作之外的更广泛的同事和支持者的支撑，学者的学术共同体才能运转得更好，如组织兴趣团体，诸如专业学会、管理学术交流和评价的重大公开会议和发布会；资助型组织也有很大影响；认证机构承担严肃的监管责任。每一个外部合作主体都在塑造未来博士生的教育中发挥作用。

1. 学科学会

相对于教师和博士生，学科学会拥有特殊的力量。这些学会反映并塑造该学科领域的优先方向。幸运的是，许多学会成为推动博士生教育走进光明的积极支持者，它们资助推动博士生教育改革，并与朝着类似方向努力的其他领域的组织合作，以增强学会工作。但是学科学会还有很多工作要做。

学会的领导和工作人员具有天然的机会，能够通过会议研讨和发言、期刊和时事通讯或特殊项目和集会突出关于博士生教育改革的新想法。试问自己，如何更好地将有关博士生教育的新鲜想法放到屏幕上？学会能够发现有观点有想法的人，为他们提供机会，以启发并形成讨论。学会还能够寻求到平衡学术的方法——既认真对待公共服务和教学，也重视科学研究。像以上这些情形往往潜在地来源于学会组织，这些组织通常将学术发现看得比其他学术工作更重要。

2. 资助机构和资助型基金会

资助者常常将内部知识和外部观点结合起来融入其工作之中，这是改革的强劲动力。基金项目官员以及那些外部资助评审者应问自己：资助决策是否有利于提倡博士生教育新做法，或是否使这些改革更加困难？资助指导方针怎样才能激励教师有计划地促进博士生参与？在传统研究资助案例中，资助项目的指导方针可能会推动其与教育实践的链接：项目主题的新研究如何影响博士生进入该领域的方式？

博士生教育改革需要建立资助者与高等教育之间的友善关系。正如2006年卡内基基金会关于基金会与教育之间的关系研究所发现的那样，双方均存在困境。从事资助业务的人说，高等教育是建立在兴趣的基础上的，是内观形的，难以从表象理解。高等教育领导者说，资助者急于追求结果，过早放弃需要长期投资的重要项目。总之，作为资金寻求者或是资助者，需要建立桥梁、增进理解，设法确保合适的创新方式，以创造他人可以依据的"教育资本"。(Bacchetti 和 Ehrlich，2006)。

3. 认证机构

认证机构的权力来自它们所服务的高校、学科和教师。从真正意义上来讲，它们采取同行评议的形式，确保机构以适当的质量水平实现它们承诺的目标。因此，外部认证人可以挑战校内领导者难以做到的事情。

过去几十年来，认证特别强调学生学习证明的重要性，但是重点主要放在本科生身上。现在这一关注开始转向研究生教育。因此，对于那些运行和参与认证过程的人，我们强调要强化和关注研究生教育的新兴焦点；要求院校回答有关研究生学习的问题，要求澄清有关学习目标、实践和评估的问题。如此，认证可在本书提到的自我反思模式和持续改进中发挥更重要的作用。

三、齐心协力的必要性

当然，任何博士生教育项目都有完善的空间，大多数人可能会认同，关注改善是值得称赞的。另外，时间和资源是有限的。如果没有发生严重危机或突发退步，院系针对博士项目开展持续性的评估和改革是很难做到的。

缺乏关注的原因是什么？我们指向贯穿这本书的"发展提升"这一概念，创新在当今各级高等教育都是司空见惯的词汇。但是一些不好的事实我们需要知道，虽然教师进入学术界是因为渴望高深知识和教授年轻人；教师对自己所研究的领域充满激情，致力于帮助博士生掌握更多知识。但是在这个过程中许多教师陷入实用主义，私心与声誉问题、资金及其个人进步问题普遍存在，教师在评估和重构博士生教育项目中担任一个领导角色，似乎是吃力不讨好的负担，需要作出巨大的个人牺牲。

考虑到院校对学校和教师快速发展的期望，采取利己主义的态度，怀疑和抵抗服务"机会"也并不奇怪。对这些现实避而不见是毫无意义的。反之，我们必须反思，这些"现实世界"状态如何与根本性地重构博士生教育的呼吁相联系？我们的回答是当一个人在博士生教育质量投入时间和精力时，实际上是服务利己主义的。

如果涉及吸引并留住教师和博士生，每一个博士生教育项目都处于竞争的状态。比如，在全国和地方争取经费，使得经费愈发难以筹集。在此氛围下，即使是在博士生教育特色和质量方面一个相对小的优势和做法的不同，也能给一个院系带来经费和招聘上的明显优势，进而提升学术生产力和声誉。能证明自身高效性的博士生教育项目当然具有竞争优势，优势是循环性的。

比如说，第五章结尾处提到的 Maureen Estevez 的故事，故事的话题很深刻。在庆祝她自己有好运气找到自己的导师的同时，Estevez 注意到她的博士生同学觉得他们受到重视主要是因为他们可提供"廉价劳动力"。教师需要做自己的研究，需要发表文章，需要在他们所研究的领域富有成效。"导师没有意识到的是对博士生倾注心血的长期收益（尤其是成果发表方面），"她说道，"是的，从短期来看，与博士生之间建立高质量的人际关系，需要时间上和精力上的巨大牺牲，不能直接产出成果发表。但是从长远来看，就会获得应有的回报……许多导师没有意识到这一点。"引用她自己的导师 Carter Cornwall 的例子，Estevez 写道："他与他之前的博士生拥有这种良好的人际关系，这些博士生现在仍与他保持合作关系，有任何项目和发表文章他们都会让博士生们参加。之前的博士生有些已经在其他机构担任首席科学家（Principal Investigators），通过与这些博士生合作，较之于之前，他现在每年可发表两三倍数量的文章（通常是在权威杂志上）。如果 Carter 没有花费时间和精力培养良好的师生关系，他很可能就不会有现在的合作，很可能就不会有每年数倍量的发表机会。"（M.Estevez 发给作者的邮件，2007 年 3 月 2 日）高产量的、具有远见的教师吸引优秀的博士生，反之也如此，优秀的博士生吸引更好的教师任教，逐渐地，优秀毕业生就会增强整个院系的声誉。

正如一名参与 CID 项目的教师所观察到的,其所在院系参与的 CID 倡导的这类审议和改革"已经成为并将继续成为自我检验、创新思考和革新的催化剂……这就是我坚持下来的唯一理由。我可以看到有许多积极的改变"[2]。正如这句话表明的,博士生教育改革的目标不是"乌托邦",而是大家齐心协力促进博士生教育质量提升。

四、未完成的任务

CID 项目历时五年时间,时间过得飞快,当我们回顾策划、召集、实地考察、数据收集、分析和协作时,会惊讶于那段时间发生的诸多事情。不仅是对于我们这些项目领导,当然还有 84 个参与的院系,其中有许多院系做出了重大改革。这就是说,改进是持续不断的必然趋势,不是所谓的宣告胜利然后就结束的事情。用一句话来描述本项目非常合适,"艰难的事情尚未完成"。尤其是当我们展望未来时,我们想象到未来研究中可能会面临的那些艰难而有趣的事项,比如教师在自己的教室和实验室做研究、博士生反思自身教育经历、那些为了应对未来挑战而塑造和重塑教育项目而努力的人,有五个问题值得特别提及。

(一)第一个问题是研究教学法

参与精细、创新性和开创性调查的能力大概是对博士生教育的决定性考验,这种能力是教师最想看到的、最重视的。但是具有讽刺意味的是,关于如何培养博士生卓越的学术研究能力还不是很清楚。尽管重要的创新正逐渐显现(例如,多元导师制、为博士生发展提供及早的研究机会),但是,如何通过这些过程发展研究者的专业技能还需要更多的系统研究。认知科学认为,初学者和专家型学习者可能具有相关性(参阅 Bransford 等,2000;Dreyfus 和 Athanasiou,1986;Wineburg,2001)。初学者在努力开展研究设计和学术事宜时,怎样才能提出好的问题并精炼其问题?为什么初学者提出的问题与专家提出的问题不一样?如何传授学术冒险精神?博士生是否可以在课堂或其他环境下与本科生共事(即作为新任教师),以提高作为新手研究人员的技能?

正如本书的一位外部评审人指出的那样,这些问题需要从基础上进行定义:如果我们说一个问题"有趣"或"很好"是什么意思?这个问题的显著特征是什么？我们如何教授、鼓励我们的学生培养提出这种问题的能力？我们又如何帮助我们的学生区分大胆创新的学术和草率的思考？学生要区分这两者需要掌握哪些技能？学生如何学会在以两种对抗力量为特征的环境下把握自己的学术生涯？——一种力量是奖励并鼓励创新、突破性的工作，另一种力量则是保守的，与同行评审、校外融资计划、任期和晋升标准有关，往往这些在现实中总是数量重于影响力？[3]更为复杂的问题是，学科背景如何影响问题发现、问题形成和研究设计的过程？化学学科中的一个好问题与历史或者人类学学科的问题如何不一样？

此外，关于哪些环境和策略更适合培养研究者，尚有疑问。一些学者开始探索在博士生教育中如何教授创造性思维，研究专业技能与创新二者间的关系（例如，Bargar 和 Duncan，1982；Loehle，1990；Lovitts，2005a；Paulovich，1993）。从职业学校可以学到什么课程——比如，医学教育工作者广泛使用模拟实验——关于如何帮助学生成为资深研究员？学生什么时候应该从观察和精细构建的任务中获得学习，什么时候有必要处理繁重的事情，去尝试、去冒失败的风险？

此处最重要的是学位论文问题，CID 参与院系最不愿处理的问题。怎样重塑博士生教育中这个顶峰经验（学位论文），以促进融合思考？许多基于实践的领域（教育、护理、社会工作等）逐渐建立博士生教育，因此打破学位论文成规、探寻更适于这些学术领域教育形式的时机已经成熟。

（二）第二个问题是学科学术与跨学科学术之间日益紧张的关系

确实，这两种组织学术的形式的相对重要性在 CID 内许多讨论中成为争论焦点。有人问我们，为什么要重新思考传统意义上基于学科分类的博士生教育（尽管六个领域中的神经科学和教育学领域不是）？大多数人会认识到学科与跨学科的焦点并不是非此即彼，这个主题可以"升温"。例如，E. O. Wilson 在撰写的《知识大融通》一书中评论："我们最富有成效的科学家，身处百万美元实验室，没有时间思考大世界，几乎看不到一丁点获得……因此，发现物理学家不知道基因，生物学家猜测弦理论与小提琴有关，对此我们不应该感到惊讶。"（Wilson，1998，第 56 页）

基于以上情况，有研究开始关注和推动如何平衡学科学术和跨学科学术。博士学位致力于专深研究，博士生教育还必须培养博士生广博思考的能力。正如美国大学协会所阐述的，"需要将跨学科知识和研究方法结合起来，以解决新型复杂问题"（2005，第1页）。纽约大学研究生院院长 Catharine Stimpson 呼吁"在博士生教育阶段开展通识教育"（2002）。那会是什么样子呢？"学科守护人"应具备怎样的通识知识——关于其自身领域以及关于其领域所属的更大学术层面的知识？怎样平衡宽度与深度？博士生如何既钻研事物的精细性和复杂性，也了解其更广泛的跨学科背景，必须先了解前者再了解后者吗？学者如何在学习水平（深度）和背景（广度）之间运筹帷幄？要有效解决跨学科问题，博士生需要培养怎样的学科基础？学者如何才不会过于专注于本学科而无法从跨学科互动中受益？博士生要想在跨学科互动中受益，需要哪些交流技能？要实现这种节律和幅度，博士生教育社会背景的角色是什么？

（三）第三个问题是博士生教育文化

本书认为尽管博士生教育的正式课程和项目要素至关重要，但其精神和灵魂——我们称之为学术共同体——与正式课程同等重要。这一观点引发了一系列可以深入研究的问题。对于博士新生来说，可以从通过分析博士生成长发展历程中获得启发和益处，这种方式已经在本科生教育以及其他知识学习环境中得到践行。[例如，Rebekah Nathan 2005 年编著的《我的大一生活》（*My Freshman Year: What a Professor Learned by Becoming a Student*）；再如，Sharon Traweek 1988 年写的《束流时间和生命时间》（*Beamtimes and Lifetimes*）一书，对高能物理文化进行研究，描述了在斯坦福大学线性加速器实验中心检验生命的经历。] 博士生教育中学术共同体的要义——日常行为、习惯、价值观是什么？其在博士生学习和生活中如何发生？在不同领域中这些实践和动力有哪些不同（如 Janet Donald 2002 年关于不同学科思考方式的研究，Tony Becher 和 Paul Trowler 2001 年关于"学术部落"的研究）？不同领域中有关学术共同体问题有什么不同：伦理学家会告诉我们什么？科学史家呢？女性研究学者呢？系统分析员呢？与从事更加理论性和概念性工作的学术共同体相比，实践性更强的学术共同体有怎样的区别（比如教育领域）？

对博士生教育文化更加细微的探索将聚焦第五章中设想的动态化的学徒制。比如，我们建议采取多导师模式，我们认为对学生学习要承担集体责任。教育团队如何担负和履行集体责任？学生成长最重要的是什么——比如说处于关键的过渡阶段，院系什么时候应特别注意履行这种责任的需求？在什么情况下多导师制教学介入富有成效的学徒式学习？什么时候集体负责制暂停，官僚体制启动？

在 CID 研究中，我们与许多博士生交谈过，他们告诉我们参与院系评议（以及 CID 集会）是一次独特的授权体验，影响着他们的学术追求。这些变革的动力是什么？学术力量怎样更有效地引领学生？学生如何塑造更加积极的、平等的学术文化？这一转变的局限性和副作用是什么？

CID 研究中极少提及的一个话题是技术在创建和维持学术共同体当中的角色作用，这一领域必将从其他运用技术促进知识创建和交流的领域中受益。有人认为技术产业本身，还有从电脑游戏中发展而来的大规模线上社群，是一个特别有趣的现象，如今和将来越来越多的博士生在其中有亲身体验。作为高科技文化的产物，现在的学生学术互动、群体构建和知识交流的习惯与传统的习惯大不同（Brown，2006）。这些变化对于博士生教育项目设计意味着什么？应该意味着什么？

（四）第四个问题是不断变化的博士生背景和身份

这一变化已经持续了数十年，正如第二章中提出，没有单一的模式。一些学科领域招收更多女性，一些则不然；一些学科领域招收大量留学生，一些则不然。不置可否的是，博士生教育项目招收更多肤色的学生是一件更加急迫的事情，尽管当前法律在这方面还有限制。此处并非详细分析人口学数据，而是强调一个普通观点，即未来博士生背景将会并应当通过各种各样的方式更加多元化，而非整齐划一。确实，随着学生的多样化，需要设计和研究新的学徒制模式和更加多样化的学术共同体构建方法。这些会给博士生教育带来什么影响？怎样平衡个性化方法、领域共同核心知识以及一名学者养成的经验分享？

多元化还存在于其他方面。当前（这很大程度上适用于 CID），大多数领域的博士生教育采用的是全日制教学模式，这在我们看来是最优安排。但是许多全日制博士生在外面工作维持生计，这也是事实，兼读制（无论是官方还是实际上）也许会越来越普遍。可能的是，如果有任何希望从根本上增加美国科学和工程界的劳动力规模，那么自然科学领域也需要寻求新的博士生教育兼读模式，而且兼读制学生如何参与真正的学术共同体有待探索和检验。

但是学术共同体并不是唯一问题。有幸得到斯隆基金会的支持,许多研究型大学正在为教师和更多的研究生探索制定更多有利于家庭的政策。仅举一例(新闻已有报道),普林斯顿大学宣布了一系列"利好"政策,目的是为研究生在平衡抚育孩童和职业发展二者关系时多创造一些便利。同时,加利福尼亚大学的学者正在深入研究研究生在这方面的态度。一名学者说道,"最大的问题是学术界的制度——仍旧是全日制或退学制"(Jaschik,2007)。

(五)第五个问题是评估

这一术语本身引发争议,我们意识到,尤其是在当今问责制下,评估似乎更像是外部、官僚体制监督工具,而非学习工具。学生发展的质量和特性始终是教学和学习的核心,就像其他阶段教育一样,关注系统性评估无疑是博士生教育项目的重要事宜。评估是一项繁重的工作,需要深思熟虑和认真关注。

首先是关于学生个体的评估问题。例如,第三章中描述的专业档案的使用。随着档案中经历的增加,专业档案的设计和使用问题能够得到进一步检验(例如,参阅 Cyr 和 Muth 的研究,2006)。什么样的教育要素和设计组合能够为博士生不同阶段的学习提供一个最好的"窗口"?档案对学生自我反省和自我掌控发展方向能力有什么样的影响?档案是独立存在或者是成为延伸了解学生的基础?历史学科学生的档案与自然学科学生的档案有哪些不同?当然档案只是一个有说服力的媒介。在学者养成理念主导下,用于评估学生多维成果的新工具和媒介会被开发,博士生教育因此大大受益,也就是说,学生获得的不仅仅是知识与技能的发展,还有专业身份与价值的增长。

其次是关于特殊项目要素教育价值的评估问题。当前作为博士生教育重要构成部分的资格考试是否指向教学内容?与独立完成相比,合作式的学位论文模式是否能教给学生更多的主导研究技能?关于研究教学法还存在一系列问题,其中一些问题在本章前面部分已经提及。

最后是关于项目效率的评估问题。确实,CID 项目主要精力就集中在这一方面,鼓励院系反思自身教学目标和成效的问题,这些工作是"学科守护人"最核心的职责。许多 CID 院系开展调查,更加系统地探索学生经历,有研究者会结合学生未来的职业发展完善教学措施,或跨领域分享这些措施。但是还可以做得更好，博士生教育项目可以参考本科生教育，比如，华盛顿大学近期的研究，2 名学者密切关注 304 名大一新生和转校学生从 1999 年秋季到 2003 年春季的大学经历，从多个角度和数据源观察他们在六个领域的学习，包括面谈、小组讨论、档案和调查（Beyer、Gillmore 和 Fisher，2007）。尽管已经对博士生（例如，Nyquist 等，1999）和研究生（例如，Nerad，2000；Nerad 和 Cerny，1999）开展了全国范围的纵观性研究，大多数博士生教育项目还没有系统地从时间轨迹角度研究学生。

当然我们听到过读者抱怨这一点，时间很紧迫，一些研究型大学开启了探索，其中一些诸如大规模、纵观性的学生研究的确需要特殊的专业知识和附加资源。但是我们提出的在这六个领域中的深度研究实际上需要和要求普通教师参与，毕竟普通教师最适合向学生提问关于学术专业的问题。这一理念并不是要将历史学家或神经科学家变成教育研究者，而是让其使用一定的工具和方法更密切地关注自身领域中有价值的事情。这样做正是学科守护的重要部分。

致力于攻克这些难题的大有人在。在过去十年间，越来越多的各领域教师将教学视为具有挑战性的学术工作。这些教学和学习的学者正在将其质询的习惯转向自己的学生——他们的学生在学习什么、怎样学习，与同事分享他们的研究发现，这些发现有助于同事的进一步研究。这些调查研究有希望改进高等教育，因为这些调查研究可以使得教室、实验室等私密性的工作可视化、可讨论、可研究、可创建、可评估，这是任何复杂机构得到持续改善的条件（Huber 和 Hutchings，2005）。

迄今为止，关于教学和学习的学术研究主要集中于本科生教育，但是那些从事研究生教学和学习研究的人也可以从方兴未艾的行动中受益，也能为其作出贡献。尤其是从事博士生教育研究的人能提出关于该领域如何设计以及该领域怎样深入发展、实现蓝图的问题。这些问题一方面是经验主义的，旨在探索发挥作用的方法，但是或许更重要的是，这些问题可以和应该是关于价值观和目标的规范性、促进性议题。

五、牢记使命

在 CID 项目的五年中，我们与来自众多教育项目的成百上千的个体谈论过。

我们听到过关于博士生教育什么是对的、什么是错的，关于进步与障碍，关于经费、空间、行政管理人员和时间的谈论。但是所有当中最重要的，我们听到的却是关于人，尤其是关于学生的谈论。正如生物学家 Crispin Taylor 为 CID 写的一篇论文中提出的："如果我们在一开始就假设博士生教育不仅关系到发展知识，还有关系到人——所有人——所有从事这些活动的人，我们就会检验博士生教育项目的'胜任性'……从教育主要关切人的角度看：包括每一名男性博士生、每一名女性博士生。"（Taylor，2006，第 46 页）另一位评论家写道："如果我们没有照顾好我们的学生，我们就没有照顾好我们的学科。如果我们没有照顾好我们的学科，我们就不配做一名传承知识的守护者，毕竟我们曾经也是学生。"（Prewitt，2006，第 32 页）

这是一本关于理念，关于理念发挥作用的书。但更重要的是这是一本关于人的书，人的激情、坚持和智慧使得博士生教育日益向前发展。本着这种精神，我们把这本书献给过去、现在和将来的学生，学生的学术养成是一切努力的初心和归宿。

注：
[1] Chan 是加利福尼亚大学洛杉矶分校数学系教授兼物理学系主任。这一引用摘自他写给 CID 的一篇论文《变革时刻？数学博士学位》（Chan，2006，第 121 页）。
[2] 这是教师调查中关于 CID 项目院系经历的评价回应。此应答者的完整回答是："我仍然有些怀疑 CID 的整体结果。（我们是否需要就博士学位的目的提出有意义的数据？）然而，CID 已经是并将持续是教育项目自我反省、创新思考和革新的有价值的催化剂。这就是我坚持下来的唯一原因。我能看到许多积极的改变。如果没有 CID，这会发生吗？可能会。但是不一定。"
[3] 我们引用我们其中一位外部评审人的话，他的身份我们无从得知。我们感谢他们的观察、提醒和鼓励。

附录一

卡内基博士生教育促进计划简介

20 世纪 90 年代，兴起了众多蓝丝带委员会和受资助的研究报告，它们主要是为提升博士生教育质量提供有效的建议[1]。随之而来，从纸上谈兵走向行动就至关重要，因此卡内基教学促进基金会在大西洋慈善基金的资助下，开始了为期五年的卡内基博士生教育促进计划（Carnegie Initiative on the Doctorate），或简称 CID。这项计划的资助期限是从 2001 年到 2005 年，它首先是一个行动计划，其次才是一个研究项目。项目的目标就是支持一部分选定的学术院系提升它们博士项目的有效性。这个倡议邀请参加项目的院系创造出适合本院系的解决方案，提出的方案需要能够满足自身的需求并解决自己博士生教育中存在的问题。

该计划的出发点就是回到第一条原则,提出问题:博士生教育的目标是什么？基于各参与学院的回答，卡内基团队针对这个问题提出了一个更普遍性的回答：从广义上说，博士生教育的目标就是培养和储备一批对于研究领域充满热情、注重质量、能够保证研究完整性的人。这类人首先是一个学者，学者就是那些能够创造性地生成新知识，批判性地保护那些有价值和有用的想法，而且可以通过写作、教学和应用承担起转化这些认知的责任。

我们用"学科守护人"这个词语来形容具备这些品质的人。在我们的第一本书《展望未来博士生教育：为学科守护做准备——卡内基博士学位相关论文集》中的第一章"培养'学科守护人'"中更全面地描述"学科守护人"的角色和技能，以及指导一个"学科守护人"的原则和道德指南，这本书是论文的汇编（Golde 和 Walker，2006，第 9–14 页）。

CID 的研究集中在化学、教育学、英语、历史学、数学和神经科学领域。为了更充分地了解每个学科，产生对整个学科的影响，以及在不同学科之间做比较，CID 项目将研究控制在六个学科。在选取这六个学科的时候，我们从很多不同的方面进行了考量，包括理论假设、学科历史、博士的职业规划。同样，这六个领域的博士生教育在很多标准上也有不同，例如获得学位的时间、就业时间、辍学率、筹资模式、学生的多样性、论文的范围和结构等。我们审慎地选择那些授予大量博士学位的学科。我们选择这六个学科也因为它们代表了核心的文科学科和新兴起的跨学科领域，包含了人文科学、自然和生命科学，以及（从历史到教育）社会科学。

我们不只是关注学科，而且我们假定关键的教育团体就是学术院系：学科和制度的连接点。院系是博士生教育的重要团体，它可以决定学生的入学资格、课程要求和毕业条件。每一个院系都是特别的，院系的历史和成员塑造了它的文化、氛围和生活实践。因此，院系也是影响博士生培养的最佳衡量点。

参与 CID 的院系加入了一个思考、改变和评估的过程，从而促使博士项目更强大。参与的院系不会受到经费的支持，基金会构建起了一个深入思考和系统提升的程序。这个项目的构成相对是松散的；每个院系都可以自主决定如何构建当地的程序、应该聚焦在博士项目的哪个方面、应该执行哪些特定的实践，以及应该收集什么样的证据。CID 对于院系和卡内基来说，重点就是一个发现的过程。本书描述了我们对于研究生教育有哪些了解，而且这构建在院系所了解和分享的内容的基础上。附件接下来的部分，广义来讲就是院系工作。这部分之后就是关于卡内基的工作人员在其中扮演的角色。

一、院系工作

在 CID 中，大部分工作是由参加计划的博士项目的教师和博士生完成的。院系和 CID 工作人员之间互动主要集中在 2003 年 1 月到 2005 年 12 月，一共有 84 个院系和博士项目参与 CID。最初，有 50 个院系被称为伙伴合作院系，另外 34 个被称为联合院系。在 2004 年秋季以后，我们不再按类别区分院系，84 个院系都统一称为参与院系（完整名单详见附录二）。CID 中有 44 家是大型公立大学。它们将 CID 看作提升它们在以信誉为重的社会中的地位的机会。很多大学有一个以上的院系参与 CID，而且我们积极地鼓励大学能够促进院系之间创造协同效应，并能在校园中传播 CID 的课程。

（一）申请和筛选

在 2002 年秋季，卡内基基金会向北美所有在化学、教育学、英语和数学四个学科授予博士学位的院系发出了一封正式的邀请信，紧接着，在 2003 年春季向历史学和神经科学学科具有博士学位授予权的院系发出了一封相似的邀请信。对有兴趣参与项目的院系，我们邀请它们与 CID 团队的一名成员通电话进行预先筛选。随后的谈话是初步了解每一个院系的机会：基金会可以了解每一个院系的环境以及是什么激励它们想要参加 CID 的活动，而且院系也可以了解卡内基基金会正在采取什么方法进行项目研究。在这些谈话的基础上，只有那些可能会被选中的院系才会收到正式的申请材料。最终提案很短——院系写一封不到三页的信，来回答以下五个问题：

（1）院系是否满足筛选的条件？（详见案例 A.1）

（2）院系为什么对项目感兴趣？为什么院系适合这个项目？现在是院系历史上的兴盛时期吗？院系是否已经参与了其他可以提供相似经历的项目？

（3）谁将担任团队的领导？这种范围和性质的项目需要可以集中精力的院系领导，以及大多数教师的支持。

（4）院系计划以什么样的机制参与持续性的深思？

（5）哪一个关键性议题会成为院系工作的焦点？尽管我们期望院系可以在开展详细的行动计划之前先有一个规划的过程，每一个院系可能将要先确定最紧迫或是最优先的议题。

一旦院系被最终选取，院系的主席需要签署《参与承诺书》。承诺书列出了院系和基金会之间可以预期的权利和责任。

（二）院系的思考和改变

CID 要求参与项目的院系确定一个由教师和博士生组成的领导团队。领导团队需要在项目过程中审慎地思考、对在项目中的变化提出建议并落实执行，并且评估它们参与项目过程中所作出的努力。这意味着它们需要努力克服一些难题：在我们的领域学科组织者需要具备什么特质？我们的博士项目的博士学位接受者应该具备哪些理想的技能、知识和思维习惯？博士项目中的哪些元素可以促进这些品质的形成？博士项目中的哪一个元素需要被保留，哪一个应该被改变？院系对它们的博士项目提出改变，作为设计性的实验，这些实验将被记录和评估。

案例A.1　CID的筛选标准

理想型的院系会将参与CID看作院系聚焦工作重点的方式或者是促使院系及时规范地落实先前确定的改革的动因。通过参与项目，院系有机会获得一定的资源和机会，从而增加院系在学科领域内的知名度，更有利于培养有前途的毕业生以及获得进入有志同道合的院系、教师和学生的共同体。

CID参与院系的特点：

- 尊重高质量的项目
- 博士毕业生在博士学位授予机构获得终身职位的教师的历史记录
- 制度支持，包括院系内和院系外的资源支持
- 大多数的博士生和教师愿意参与项目实验，参加评估和分享成果

为了给院系的反思提供基础，卡内基基金会委托相关人员撰写了16篇关于当前博士生教育面临的挑战和机遇的论文——六个学科中，每个学科有2~3篇论文。论文作者需要思考应该如何构建博士项目才能迎接他们所提出的挑战和机遇。著名学者，也就是学科引领者，所写的论文聚焦观点，而不只是技术细节。这些论文以及一些评论，被收录在《展望未来博士生教育：为学科守护做准备——卡内基博士学位相关论文集》一书中（Golde和Walker，2006）。

这些论文并非旨在提供权威性的论述，而是为了引发讨论，而且确实也产生了这种效果。有些院系围绕这些论文组织了研讨会。此外，很多院系还选择其他的读物和材料来推动它们的思考。很多院系参与了自我评估，调研博士生、教师和校友，组织焦点小组，审查博士生成长轨迹数据（入学、退学、获得学位时间、就业岗位），在对话交流会上组织院系范围内的讨论。院系领导团队收集的数据有助于鉴别院系存在问题的领域并制定详细的解决方案。

院系以不同的形式在作出努力：改变博士项目要求、创造新的实践和机遇、改变常规的互动和实践。具体的创新包括：博士生加入院系委员会、职业小组以

校友为主、变更核心课程和课程要求、改变资格考试的年度及内容、建立针对博士生以学生成果为中心的年度评审制度。除了这些显著的变化外，CID 在部门报告中还提到参加的院系在思维习惯方面也有很显著的变化。84 个院系中大部分的院系还在不断地发生改变。

参加 CID 项目的教师和毕业生都以一种探究的态度对待他们的博士项目。上午的毕业生可以是下午的毕业生的老师。所以我们确信，在 CID 中扮演领导角色的博士生，通过参加项目，将来会成为更加投入的和政治觉悟更高的教师。从长远来看，思维习惯的改变会比程序性的改变产生更长久、更深远的影响。

院系中正在发生的改革可能会被定义为递进式的改变，而不是彻底的"激进式"的改变；而且这些改革也在有步骤地落实，尊重院系的决定，保持传统，而不是急切地处理，期待一步到位。部分原因是卡内基基金会不会给院系提供资金支持（尽管有些项目在差旅、博士生研究助理或者调研方面获得了少量的支持），程序性的改变是为了应对当地的需求。纵观历史，出现过很多改革计划（很多都是值得赞赏的），这些计划相关的活动主要是依靠外部基金的支持，但是一旦支持资金没有了，很多计划就难以为继或成为制度性的变革（Bacchetti 和 Ehrlich，2006）。我们相信 CID 所推动的改革将会坚持下去，因为这些是院系自己的选择，而不只是为了对外部机构做出回应。

（三）公开宣布

将知识公开是科学和学术调研的基本原则，这样这些知识就可被广泛评论，并且被进一步构建。同样，作为学科的领导者，我们希望所有参与 CID 项目的院系都可以分享它们的见解和所吸取的经验教训，最初是在 CID 范围内，随后可以拓展到更大范围的学科团队和学术受众。作汇报是一种训练，通过作汇报可以很自然地将院系的工作体现出来，并且进一步推动这些工作。

院系除了有时提供一些它们最新的工作动态——通过电话、邮件或者面对面的形式——还需要创建有关它们工作的网页。它们需要用卡内基基金会开发的网页程序编辑工具 KEEP Toolkit（KEEP 代表知识交换、展示和介绍；参见 www.cfkeep.org）。使用 KEEP 的用户可以更方便地制作关于工作进展的网页简报，包括文件、照片、网页链接和视频等。

网页简报与传统的报告相比有很多优势，网页简报通过多媒体的方式描述工作的进展，这样就可以在院系内或者院系之间分享；卡内基基金会通过使用 KEEP Toolkit，将问题与普通模板相匹配，这样可以帮助读者更容易地理解关于院系工作的描述和分析。网页简报也更容易被创建者修改和更新。

本书中关于院系工作的例子，都有详细的描述，通常都配有源文件，而且在网页简报的电子陈列库中也会展示这部分内容（类似于展览会上的多媒体图片）。我们将陈列库称为 EL CID，也就是 CID 的电子图书馆。EL CID 包括了很多院系的简报，主要是关于参与院系的创新性和典范性的相关元素的呈现（详见 gallery.Carnegiefoundation.org/cid）。

院系还会在学科团体内分享它们的工作。很多教师和博士生都会参加全国或是地区会议中的工作坊和座谈会。而且关于院系工作的文章也出现在很多场合。其中有两场会议是由 CID 的院系赞助的。在 2005 年春季伊利诺伊大学组织了一场关于神经科学的会议。在 2005 年 11 月，得州农工大学的历史系和英语系联合举办了一场名为"移动的边界：21 世纪的人文学科博士"的会议。

二、基金会的角色

卡内基基金会负责 CID 的核心管理工作[2]。CID 的工作人员主要扮演三个角色：协调者、召集人和研究员。基金会的工作得到了项目咨询委员会的协助，委员会由一组研究生教育领域的相关领导组成[3]。委员会每年会面一次，提供相关的反馈和建议。

（一）协调和鼓励

卡内基基金会作为 CID 项目的赞助方就是要激发院系优质的工作，但是并不会决定和参与院系的工作过程和结果。CID 团队为项目构建起了一个总体框架，包括院系可以达到的里程碑式的成就以及达到这些成就的时间表。为了激发这些院系的思考，我们还为每一个学科提供与博士生教育相关的资料。CID 的员工是沟通桥梁的建造者，将院系正在进行的工作与其他相关的计划联系起来，而不只是微观地管理院系的工作。类似于 CID 这样的计划并不是孤立存在的。在院系的生活中，CID 计划只是很多活动中的一项，这些活动有常规的也有特殊的项目，而且会花费教师和博士生的时间、精力和资源。同样，在大型的高校中，经常会有很多由大学自己组织或是由外部机构，例如卡内基基金会，促成的计划和新的机会。因此，我们试图去平衡并且设置一些现实性的期望，来不断地鼓励和催化院系的工作。

为了达到这些目标，我们的策略之一就是访问这些院系，以此鼓励它们深思。在 2003 年和 2004 年，CID 的员工共访问了 65 个院系，包括了所有的伙伴院系。我们访问了 26 所大学，其中有 19 所访问了两次。卡内基基金会的实地访问并不是传统的"问责式"的参访；通常的实地访问就是一场"作秀"，教师和博士生热情洋溢地做展示，他们都精心准备过，尽量简洁地、正面地描述院系工作，从而避免提到存在的问题。当卡内基基金会的工作人员访问 CID 项目的院系时，是一次精神上的分享，包括与教师和博士生小组坦诚地讨论。我们的一个目的就是增加参与 CID 项目的成员，另一个目的就是赢得院系核心管理者的支持和鼓励。实地参访的议程被卡内基基金会专门设计过，作为思考院系参与项目过程的模板。

正如我们之前所说的，尽管 CID 将注意力放在了学术院系，管理人员的支持同样也很重要。学术院长、教务长和学术委员会主席作为重要的朋友，都可以为项目提供鼓励和财政资源上的支持，以及展示很多 CID 参与院系的成果。研究生院的院长是尤为重要的朋友和伙伴。最初，我们通过常规的会谈、在研究生委员会（CGS）会议上的展示以及在电话中和实地参访中的私人交谈等方式让研究生院的院长参与进来。在协调和支持 CID 的工作中 CGS 是不可或缺的伙伴。CID 项目的发展和传播将一如既往地需要研究生院院长的努力和鼓励。

卡内基基金会也会在学科专业学会的会议中主持会议和座谈会。这些会议都是分享工作最新动态的机会。在项目开始之初，我们就很享受可以和相关学科专业学会的领导者密切合作的机会，他们有美国化学学会、美国教育研究协会、现代语言协会和英语院系协会、美国历史协会、美国数学学会、神经科学学会、神经科学院系和项目协会。这些学会为项目的参与者们的会面提供了时间和场地，并且提供了各种宣传途径将 CID 的工作公开化。

（二）集会

很多卡内基基金会项目的重要活动就是一次集会。这个术语所传达的意思并不只是说这些会议与传统会议不同,而且也表明会议的核心特点就是大家聚集在一起,CID 项目也不例外。很多分享式的学习会持续三个工作日——在三年里一共有 16 场集会(卡内基基金会为院系参加集会提供经费)。六个学科专场的集会是在 2003 年夏季或者 2004 年 1 月举办的,另外六个是在 2004 年夏季举办的。学科专场集会仅限于伙伴合作院系和每所大学的学科代表参加。在 2005 年夏季举办了 3 场跨学科的集会,会议的主题是:培养高效的教师、培养研究员和学者以及学术共同体。跨学科集会面向所有参与项目的院系(院系限于只能参加其中一个集会),共有 44 个院系参加了集会。

每所大学仅限 2~3 名教师和博士生参会,所以每个小组的规模比较小。我们还邀请了观察员参加每次的集会,观察员可能是研究生院的院长、学科专业学会的领导以及来自基金会和地区政府的领导。很多参与者在过去几年中多次参加了我们的集会。多次参会的人是 CID 项目很重要的资源,他们可以帮助新参与项目的人熟悉情况。CID 的一场集会中参会人数可以达到 260 多人:大约有 125 名教师、100 名博士生和 35 名观察员。

每一场集会都有特定的目标,就策划者和参会者而言,很多工作都需要提前准备,从而确保这些目标可以达成。在一个研究生项目中,慈善目标是必不可少的。但是,每一场集会除了特定的目标之外,集会还需要营造一种大家彼此信任、可以公开分享观点的氛围,彼此可以给予坦诚的反馈,而且对不同意见给予尊重。我们不可能对所有问题的答案都了如指掌,因此,我们努力创造出允许大家激发和分享观点的氛围。集会的目标和议程在以下五大原则的指导下得以进展。

1. 观点至上

通常,具有挑战性的观点都是 CID 集会的核心,并且会作为会谈的起点,否则这些会谈就会快速地转向逻辑性或是政治性的问题(例如如何与特定同事一起执行特定的实践活动或者工作)。例如,在第一组集会中,我们首先组织了参会者座谈会,参会者们针对某一领域的委托论文展开争论。通过从观点入手,或者回归观点,参会者的注意力一直聚焦在更宏大的、有关目标的问题上:为什么想要改革我们的博士项目?为了达到什么目的?比较有前景的策略是什么?这些问题确保讨论不会聚焦在反对意见或者阻碍上。

最重要的是，集会的议程通常包含冒险的机会。集会给了人们时间和空间去试验（通常是拒绝）新的想法。有一年，我们给每一个院系都"描述一个它们有兴趣去执行的一个想法。这个想法不需要其他院系的审查。事实上，你可以提出各种各样的理由说明为什么这个观点不会起作用或者永远不会被接受。但是这个观点将很棒，很有趣，如果……"在这样的许可下，没有一个观点是太过疯狂、不成立的或是代价高昂的。通过激发真正的想象力，我们可以测试新的潜力和想法，无论结果怎样。

2. 方式多样

通过与 CID 集会的参会者的第一次沟通，我们就了解到他们可能希望不同形式的融合，包括全体会议、大学团队合作、结构化的小组、讲座以及社交活动。我们以"友好的评论者"之名将院系进行配对，希望它们可以对另一个院系新兴的计划给出反馈和建议，这些院系在其他情况下可能彼此是竞争对手。基本的形式和方法有助于系统地安排会议议程：我们每隔几个小时就改变一次形式，我们确保参会者有更多机会积极参与会议，而不只是聆听。

关于集会的前期沟通也强调了将焦点放在创造知识界（详见案例 A.2）。小组成员知道他们自己应该做什么，知道他们有提出问题和给出建议的机会。每天都以填写"一分钟反馈表"结束，表中有两个提示："① 今天我觉得最有用和有趣的观点是……"和"② 我对明天会议的想法和建议是……"卡内基基金会的工作人员每天晚上都会阅读所有的表格，而且也会据此调整我们的计划。

案例 A.2　学者共同体

在每次集会之前，所有的参与者都会收到以下这份声明：

参与 CID 项目的院系都会组织一个团队，它们将携手创造出最佳模式的博士生教育。作为这些院系的代表，你可以从同行的身上学习经验，建立新的联系，并且对可能发生的事情产生新的视角。我们将这个团队看作一个学者共同体，而且我们还将博士生，也就是下一代人，纳入这个团体中。我们还邀请了一些该领域的其他领导参加集会，从而为我们的讨论提供智力支持。

这次集会不只是一个工作坊。集会是一个用于孵化新观点的熔炉，大家可以借此机会认真考虑那些策略的影响力，思考如何记录你的工作以及如何与更广泛的学科团体分享你的工作。卡内基基金会的一个基本原则就是所有的观点都应该可以经受住严格的审查并且对外公开。这一原则适用于卡内基教学研究院奖学金项目（CASTL）中的教学奖学金。这些原则也同样适用于CID。

3. 观点多元

我们会精心地组织卡内基的集会，包括为参会者提供彼此之间互动的机会以及参与到会议的核心主题讨论的机会，因此让每一个人都充分地参与其中就显得至关重要。我们希望每一个参会者在讲座和讨论中都可以通过正式的或者非正式的方式与其他人分享他们的观点。事实上，在很多由高校作讲座的会议中，我们会精心地组织会议的流程，这样两个高校的代表就可以在不同的房间参加讲座。这意味着所有的博士生和教师都要负责作一次讲座。此外，团队成员只能听半场会议，因此他们有责任认真地听讲，然后和团队的伙伴分享他们所学到的东西。这有助于在每个大学团队中的教师和博士生之间提供平等的竞争环境。的确，很多参会者，包括教师和博士生都指出这是集会中最有力度的部分：了解到教师和博士生也可以像同事一样良好地合作。

作为集会的组织者，我们也注意到博士生通常会自我审查，在房间内都是教师的时候他们通常会保持沉默。我们尽很大努力让博士生能积极参与到讨论中。每一场集会都从晚餐开始，在每次晚餐后，我们会要求每位博士生讲几分钟话。博士生可以介绍他们自己以及他们学校团队的其他成员，就如之前要求的，博士生要作为院系的代表作一个简短的汇报。因此博士生是第一个发言人，可以打破沉默。每一次集会还有一个时间段是用于博士生、教师以及观察员依据自己的角色各自分组召开核心会议。在一次令人印象深刻的会议中，教师和博士生都哀叹到博士生在研究生第一年就失去了学术热情。两组人都有些犹豫是否要和别人分享一些具体的情况，但是当他们提出来后，立刻激发了大家讨论的热情并很快达成了共识要解决这个问题，因为这是很多院系都面临的一个问题。在会议中大家都很大方地建立起联系。集会的成员有着不同的背景，然而毫无例外，人们彼此之间都建立起了联系，他们本身并没有职责需要将自己介绍给别人。教师为其他项目的研究生提供建议，研究生之间就如何按计划完成学位论文互相交流想法，而且大家也愿意在项目中起带头作用，而且可能不会是实质性的回报。这种友好的氛围会影响一个小组，而且使我们成为一个更加积极、更加富有成效的团体，也值得我们用心去经营这些团体。

4. 高期望值

通常人们很自然地会认为每一名博士生和教师都有很多工作要做，因此对参加集会的准备工作的要求会比较低。但是，事实上，我们的期望值很高，会要求每位参会者提前完成好几项任务，他们需要广泛地咨询院系的领导团队和其他成员，以更好地完成任务。通常我们还会发送一些背景材料，包括参会者的简介，可供大家在飞机上阅读。我们提出这么多要求，就是向大家发出一个信号，这是一场工作会议，每一个人都应该全力以赴。我们很高兴，每次大家都达到了这些要求。当然，我们会清楚地解释我们的要求是什么，以及为什么这样做。集会的确是一个了解院系工作的机会，包括它们成功的经验和遭遇的挫折，与其他院系坦诚相待，以及增进承担一个共同使命的情谊。这些集会也会督促大家要对其他院系负责，以及在上次小组会议后是否做出了实质性的进步，并制订明年的行动计划。

5. 开放互动

最后，但同样重要的是，卡内基基金会包含了所有重要的社会元素，尽管很容易就会忽视社会化的因素，因为被看作"过于情感化的工程"，但这也是建立私人联系和强化知识联络的关键。开幕晚宴上的座次都经过精心安排——根据参加晚宴者的角色（博士生、教师、观察员、卡内基基金会的工作人员）、学校以及新老参会者进行组合。其他的用餐都是非正式的场合，只是偶尔在餐后甜点时段会有简短的演讲，而且每次集会都安排可以在斯坦福附近的山林中散步。喝着酒谈论着简单的问题，散步中就会有新的想法：这些都是知识交融的时刻，我们可以去筹划，但是无法撰写成文字方案。

（三）研究

卡内基基金会的目标是为大家对研究生教育的更深刻的理解留下一些有价值的材料。所以我们的第三个角色就是担当研究伙伴，不断探索研究生教育的变化历程。研究的议程贯穿于院系和卡内基基金会 CID 项目的活动中。与我们合作的院系，都愿意检查自身在治学态度方面的工作，也愿意调研、书面记录和理解那些有助于促进博士生成长的示范性的实践。参加院系的观点分享、有效实践、工作进展以及在过程中对于问题的思考和改革方案的执行，对于 CID 来说都是很重要的内容。正如前文所描述的，在知识构建和领域构建中做出"对外公开"的承诺，是参与到 CID 项目中最主要的职责。

大多数的研究项目都是从回顾先前的文献开始的，而且无一例外。我们广泛地归纳总结在博士生教育方面的研究和报告（卡内基博士生教育促进计划，2001），为每一个领域撰写文献综述，并分享给了所有参加的院系。CID 是一个行动计划和研究项目，而且我们的问题和方法会根据我们所学到的东西而发展和演化。我们主要采取观察式和非介入式的研究方法。卡内基基金会的工作人员将每次的活动（实地考察、学科专业学会的会议、集会）都看作我们学习、充实自己想法以及积累案例的集会。我们在教师和博士生向我们讲述他们学校和院系中正在发生的事情中观察、聆听和学习。

卡内基基金会的工作人员在所有参加项目的院系中做了两项调研，一项是针对博士生的调查（2004年），一项是针对博士生教师的调查（2005年）。和我们大多数的活动一样，我们的调查都是双重功能。调查数据分享给了参加项目的院系，为它们提供了关于自己学院的博士生和博士项目的有关信息。调查并不是假设性测试的工具，而是让我们了解到卡内基计划的影响力，以及博士生教育中的显著问题（附录三中详细描述了调查的细节）。

学科领域、大学以及国家发行单位出版的大量出版物从 CID 项目中显露出来，有些是卡内基基金会的工作人员写的，其他的是由院系的参加人员写的。当然，本书也是项目的最终出版物。

三、结论

将五年的工作浓缩成几页纸，必然需要隐去许多每个参与院系的繁重工作和深入思考以及 CID 的幕后工作。但是我们希望最终可以清晰地总结 CID 项目的结构和过程，从而可以为更好地开展博士生教育提供一个模型。有两条原则需要阐述清楚。第一，我们的策略并不是一成不变的。即使是在 CID 项目的策划阶段，我们也会在学科专业学会会议上分享我们的想法，并将反馈意见融合到不断发展的策略中。一旦我们选定了参与的院系，并且了解了它们领导团队的成员，我们沟通的方式就会不断演变。最新兴起的先进技术，尤其是 KEEP，让我们放弃了使用 PowerPoint 作为院系分享工作的方式。同样，CID 计划的前提就是博士项目应该不断地追问：我们是否都已经做到最好？改变环境是否需要新的实践？

第二，我们正在 CID 内部建设自己的学术共同体。尤其是集会为促进大学中学术共同体的建设提供了模板。当然，运行一个学术院系远比组织一个项目会议要复杂得多，即使这样，我们的参与者经常说我们的策略在大学中也很成功。因此，CID 的集会似乎可以看作创建和维护学术共同体的有益范例。因为并不期望任何人知道所有问题的答案，所以大家可以坦诚自己有哪些是不知道的。从别人那里聆听观点、询问问题，从而发现自己欠缺的知识，以及乐于学习新知识都是一个充满生气的学术共同体必备的特征。我们希望参与者在自己的本土环境中，可以通过教与学的交流，激发起教师和博士生的热情。

注：

[1] CID 在最初的几个月总结了 20 世纪 90 年代的各类研究和报告（卡内基博士生教育促进计划，2001）。

[2] 本项目的主任是资深学者 George E.Walker。Chris Golde 是研究主任。资深学者 Laura Jones 和研究学者 Andrea Conklin Bueschel 也是 CID 团队的成员。Par Hutchings 在本书编写期间加入了项目。Amita Chudgar 和 Kim Rapp 是 CID 项目的研究助理。Sonia Gonzalez、Leslie Eustice、Ruby Kerawalla、Tasha Kalista、Emily Stewart 和 Lydia Baldwin 是项目的行政助理。

[3] CID 咨询委员会的主席是 Donald Kennedy，他还是斯坦福大学原校长、环境科学和政策领域荣誉教授、《科学》杂志主编。其他的成员还有美国国家科学院前任主席、加利福尼亚大学旧金山分校生物化学和生物物理学教授 Bruce Alberts，哥伦比亚大学英语与比较文学教授 David Damrosch，美国国家研究委员会行为科学、社会科学和教育分委会执行主任 Michael Feuer，普林斯顿大学高等研究院前院长、数学教授 Phillip Griffiths，哈佛大学化学科学教授 Dudley Herschbach，普林斯顿大学艺术和文化政策研究中心主任、公共与国际事务教授 Stanley Katz，赛克勒基金会学者、洛克菲勒大学荣誉教授 Joshua Lederberg，哥伦比亚大学公共事务教授 Kenneth Prewitt，美国大学协会名誉教授 Robert Rosenzweig，哈佛大学 Lewis P. 和 Linda L. Geyser 名誉教授 Henry Rosovsky，卡内基教学促进基金会主席 Lee S. Shulman，研究生院委员会主席 Debra W. Stewart。

附录二

参与院系列表

共有44所大学的84个院系和博士生教育项目参与了卡内基博士生教育促进计划。在教育领域，这些参与的院系足以代表美国博士生教育的整体情况。这其中，50所学院为"伙伴合作院系"（partner departments），34所学院为"联合院系"（allied department）。所有的院系都和基金会有日常的联系，像附录一所介绍的一样，经常参与CID的活动。此外，我们邀请"伙伴合作院系"的参与者参加2003年和2004年两届学科会议，卡内基基金会的工作人员对所有的"伙伴合作院系"都至少进行了一次实地调研。从2004年秋季开始，我们不再区分院系的类别，将所有参与的84个院系称为"参与院系"（partuipating departments），所有"参与院系"都参加了2005年的跨学科会议。前期的"联合院系"用星号表示。

化学

杜克大学化学系

霍华德大学化学系

*东北大学化学与化学生物学系

俄亥俄州立大学化学系

*石溪大学化学系

科罗拉多大学博尔德分校化学与生物化学系

密歇根大学化学系

*俄克拉荷马大学化学与生物化学系

得克萨斯大学奥斯汀分校化学与生物化学系

威斯康星大学麦迪逊分校化学系

弗吉尼亚理工学院暨州立大学化学系

教育学

亚利桑那州立大学课程与教学系

印第安纳大学教育学院

密歇根州立大学科学与数学教育系

密歇根州立大学教师教育系

俄亥俄州立大学教育学院

*得州农工大学教育心理系

*加利福尼亚大学戴维斯分校教育学院

科罗拉多大学博尔德分校教育学院

*佐治亚大学教育心理与教育技术系

*伊利诺伊大学香槟分校教育心理系

*艾奥瓦大学心理与计量基础系

密歇根大学教育研究项目

北卡罗来纳大学教堂山分校教育学院

南加州大学罗西教育学院

华盛顿州立大学教育学院

英语

哥伦比亚大学英语与比较文学系

杜克大学英语系

*霍华德大学英语系

印第安纳大学英语系

*密歇根州立大学英语系

俄亥俄州立大学英语系

*宾夕法尼亚州立大学英语系

得州农工大学英语系
*佐治亚大学英语系
*肯塔基大学英语系
密歇根大学英语系
匹兹堡大学英文语言文学系
*罗切斯特大学英语系
*多伦多大学英语系
*华盛顿大学圣路易斯分校英语系
*韦恩州立大学英语系

历史学

亚利桑那州立大学历史系
杜克大学历史系
*霍华德大学历史系
*肯特州立大学历史系
*密歇根州立大学历史系
俄亥俄州立大学历史系
*石溪大学历史系
得州农工大学历史系
康涅狄格大学历史系
伊利诺伊大学香槟分校历史系
堪萨斯大学历史系
明尼苏达大学历史系
*新墨西哥大学历史系
匹兹堡大学历史系
*南加州大学历史系
得克萨斯大学奥斯汀分校历史系

数学
　杜克大学数学系
*霍华德大学数学系
*肯特州立大学数学科学系
　俄亥俄州立大学数学系
　石溪大学数学系和数学科学学院
　伊利诺伊大学香槟分校数学系
　密歇根大学数学系
　内布拉斯加大学林肯分校数学系
*北卡罗来纳大学教堂山分校数学系
　南加州大学数学系
*犹他大学数学系

神经科学
　波士顿大学医学院解剖及神经生物学系
*达特茅斯学院神经科学中心
　杜克大学心理学与脑科学系
　乔治城大学神经科学跨学科项目
　密歇根州立大学神经科学项目
　俄亥俄州立大学神经科学研究生项目
*阿拉巴马大学伯明翰分校神经科学系
　伊利诺伊大学香槟分校神经科学项目
*路易斯维尔大学解剖科学与神经生物学项目
*马里兰大学巴尔的摩分校神经科学项目
　明尼苏达大学神经科学研究生项目
　匹兹堡大学神经科学中心（CNUP）
*南加州大学神经科学研究生项目
*佛蒙特大学解剖学与神经生物学（生物医学神经科学）项目
　威斯康星大学麦迪逊分校神经科学项目

附录三

调查概述

卡内基基金会针对参与 CID 的学院组织了博士生和博士生教师两项调查。两项调查都尽力做到客观真实，尽最大的努力描绘出博士生教育的轮廓，以期为 CID 工作人员和参与学院提供有价值的信息（博士生和博士生教师的调查问卷见附录四和附录五）。调查的目的不是弄清楚博士生教育的现状或某一个领域的博士生教育的状况，更不是要对特定的博士项目进行评价，调查的主要目的是希望这些数据能够成为发现博士生教育潜在问题的指标。参与者也建议以后每年可以进行更深入的调查，更加关注各学科的相同点和不同点。调查问卷中开放问题的答案，尤其是博士生教师调查中那些有针对性的问题的答案，阐明了博士生教育实践背后所映射的教育理论，为实践提供了很好的借鉴。调查数据已经共享给所有的参与学院，希望为博士生、教师和博士项目提供有效的信息。

一、博士生调查

卡内基博士生调查（GS）的目的是调查博士生教育过程中博士生体验和博士生教育产出之间的关系。调查问卷的问题包括博士生对博士阶段所需要的各项能力的投入情况，包括科研、教学和解决实践问题所需的跨学科知识和能力。卡内基博士生调查相关问题的设置，是为了了解博士生教育是否能够给予博士生发展的机会，而不是评价博士生的个人成就。博士生调查包括博士生经历（教学、科研、参与院系服务工作等）和这些经历对他们的知识、能力和思维习惯有多大程度的帮助。其他问题是关于博士生参与学院学术活动的情况、博士生发展成为研究人员和学者所需技能的掌握的情况、博士生和教师的关系情况、关于博士生的正式要求和非正式要求、博士生参与 CID 相关活动的情况。

二、博士生教师调查

卡内基博士生教师调查（GF）的目的是调查博士生教师群体对待博士生教育的指导理念和指导博士生的相关活动。博士生教师调查的核心是教师在博士生教育中所承担的责任与所做的工作与博士生教育输出之间的关系，旨在从教师的角度理解教师在博士生教育中扮演的角色。此项调查不是针对教师时间、教师工作或者其他与博士生教育不直接相关的内容的调查，问题多是关于教师的博士生课程教学和指导博士生的理论与实践方面的。其他问题是关于教师参与院系学术活动的情况、教师在帮助博士生成为研究人员和学者的过程中所扮演的角色、教师参与 CID 相关活动的情况。博士生教师调查包含几个关于教师的问题，内容是调查受访者认为他们的建议对博士生调查中博士生教育体验或成就的产出的影响程度。

三、调查管理

此项调查针对所有 CID 参与院系的博士生和终身教职教师（多数有成为"博士生教师"的能力）进行调查。为了数据保密和减轻工作量，卡内基基金会要求各参与学院给所有可能参与调查的受访者发送一封带有调查问卷链接的邮件。因为受访者都是志愿者，所以一些学院没有参与。

2004 年上半年，卡内基基金会从完成 GS 调查并在网站上提供联系方式的博士生中随机选取 10 位，给礼品券作为奖励，共有来自 76 个学院的 2 176 名博士生接受了调查。2005 年上半年，卡内基基金会同样从完成 GF 调查并在网站上提供联系方式的教师中随机选取 10 位，给礼品券作为奖励，共有来自 63 个院系的 666 名教师接受了调查。由于该调查采用网络调查的方式，无法知道可能参与调查的总人数，因此无法统计回收率。两项调查受访者按学科分布的数据见表 C.1。

四、数据分析

表 C.2（博士生）和表 C.3（博士生教师）描述了接受调查的人员的特征。这些数据有助于了解接受调查者相对于美国全国博士生培养机构中的博士生和教师的情况,也可以强调一些学科差异。

从总体上来看,调查数据的量化分析仅限于简单的频数分析。这些调查数据的一个用途是可以证明以前只有观察性证据所表现的学科差异确实存在。当然,在很多问题的认识上,教师和博士生的观点是一致的,如果出现差异,我们就会分解数据来阐释。当差异不显著时,只阐释"全体博士生"和"全体教师"的数据,但会提醒读者调查样本的各学科不完全相同。很多情况下只阐释博士生教育最后阶段、主要工作是论文写作的学生的数据,我们称之为"毕业论文答辩者"。

GF 和 GS 调查都包含开放性问题,通常是"请作补充论述"的形式,我们从每份问卷中精选出能够阐明观点的论述。GF 调查包含更多特定的开放性问题,答案由参与过许多其他卡内基基金会项目的学者的团队进行分类和编码,每个团队至少 2 名成员。

GS 调查的一个目标是提高评价管理工作的能力,通过因素分析检验各项目理论上的稳健性。我们确信博士生调查可以实现这个目标,但是作为院系层面的诊断工具或者作为衡量纵向时间的变化的工具,还需要近期的相关人口比率的数据(戈尔德和拉普,2006)。

表 C.1 卡内基博士生调查和卡内基博士生教师调查受访者数量

学科	卡内基博士生调查(2004)			卡内基博士生教师调查(2005)		
	院系数量/个	受访者总数/人	各院系受访者数量(最小~最大)/人	院系数量/个	受访者总数/人	各院系受访者数量(最小~最大)/人
化学	11	397	8~87	10	74	2~18
教育学	11	538	28~105	12	126	1~30
英语	14	409	8~58	10	121	1~21
历史学	15	293	9~41	11	120	2~17
数学	11	282	2~86	8	78	2~18
神经科学	14	257	10~35	12	147	1~28
总计	76	2 176	—	63	666	—

表 C.2　卡内基博士生调查受访者概况

	化学	教育学	英语	历史学	数学	神经科学	总计
受访者数量/人	397（总数的18.2%）	538（总数的24.7%）	409（总数的18.8%）	293（总数的13.5%）	282（总数的13.0%）	257（总数的11.8%）	2 176
平均年龄/岁	27	36	30	34	26	28	31
女性/%	50.0	72.9	69.8	47.5	28.6	57.0	57.4
美国公民/%	75.0	83.6	84.6	85.3	58.8	79.0	78.9
培养阶段							
课程/%	9.8	30.1	19.2	17.7	20.2	10.6	19.1
准备毕业论文开题报告/%	45.5	40.9	42.3	29.4	58.9	53.5	44.2
论文/%	44.7	28.9	38.6	52.8	21.0	35.9	36.6
预计获得学位的后续时间/年	5.2	5.0	5.8	6.2	5.4	5.1	5.4
基本职业目标							
以研究为主的教师/%	17.2	19.6	35.9	28.6	39.9	38.1	28.2
以教学为主的教师/%	23.8	33.0	43.3	45.4	25.0	13.9	31.7
学术研究（不教学）/%	4.4	4.9	1.8	3.7	6.5	6.6	4.4
商业、政府或非营利组织/%	36.1	11.3	1.8	5.6	10.9	13.5	13.4

表 C.3　卡内基博士生教师调查受访者概况

	化学	教育学	英语	历史学	数学	神经科学	总计
受访者数量/人	74（总数的11.1%）	126（总数的18.9%）	121（总数的18.2%）	120（总数的18.0%）	78（总数的11.7%）	147（总数的22.1%）	666
女性/%	19.4	53.2	45.8	47.4	8.3	36.6	38.4
终身教职教师/%	98.6	92.7	100.0	98.3	93.6	95.9	96.5

续表

	化学	教育学	英语	历史学	数学	神经科学	总计
获得博士学位年份							
1991—2004年/%	31.5	33.9	35.3	34.8	17.9	29.5	31.1
1981—1990年/%	23.3	22.3	22.7	21.7	34.6	34.2	26.5
1980年及之前/%	45.2	43.8	42.0	43.5	47.5	36.3	42.4
任教/任职情况							
在目前单位任职四年及以上/%	89.0	81.1	83.8	84.5	87.0	80.0	83.6
担任主席、院长或研究生院院长/%	32.4	54.8	48.8	44.2	47.4	36.1	44.3
目前给学生提供建议的平均次数							
第一导师/毕业论文委员会主席	5.27	4.39	2.51	2.49	1.56	1.56	2.94
毕业论文委员会成员	7.38	6.71	4.18	4.59	1.90	3.81	4.72
毕业论文之前的导师	1.85	3.56	2.59	2.32	1.68	1.63	2.34
职业生涯中作为导师指导学生的总数							
总数/个	占比/%						
0	1.4	5.7	8.3	11.2	6.6	4.2	6.4
1~5	12.9	18.9	29.2	34.5	50.0	45.8	32.6
6~10	18.6	18.9	20.0	21.6	25.0	27.1	22.1
11~15	17.1	17.2	11.7	12.9	9.2	13.9	13.7
15以上	50.0	39.3	30.8	19.8	9.2	9.0	25.2

附录四

博士生调查问卷

一、博士生教育经历

以下这些活动可能是您接受博士生教育中的必修或选修部分,也可能在您尚未正式攻读博士学位之前的某一时间出现。回答问题时请不要包括您开始接受博士生教育之前的教育经历。这一部分共有 11 个问题。

1. 在攻读博士学位期间,您和老师或者其他博士生探讨过以下哪些问题?(可多选)

   a. 我们探讨过本学科中一些理论和研究方法的历史演进。

   b. 我们探讨过本学科中的一些有争议的话题。

   c. 我们探讨过本学科当前的重要议题。

   d. 我们探讨过本学科的社会贡献。

   e. 我们探讨过研究中可能出现的伦理困境(例如:知识产权、剽窃、保密等)。

   f. 我们探讨过教学中可能出现的伦理困境(例如:作弊、性骚扰等)。

   g. 我们探讨过在非学术工作场景中的伦理困境(例如:言论自由、知识产权、良知问题、利益冲突等)。

2. 在攻读博士学位期间,您参与过以下哪些教学活动?(可多选)

   a. 我参加过本学科专业的工作坊或课程的教学。

   b. 我参加过通识教育工作坊或课程的教学。

   c. 我上课时有教师或其他博士生观摩,以便就我的教学提出建设性的反馈意见。

d. 我曾使用过学校教学和学习中心的资源。

e. 我曾和教师探讨过教学理念和教学策略的问题。

f. 我曾和其他博士生探讨过教学理念和教学策略的问题。

3. 在攻读博士学位期间，您完成过以下哪些教学活动？（可多选）

a. 我主持过小组讨论或实验。

b. 我做过讲座。

c. 我准备过教学大纲。

d. 我尝试过多种教学策略。

e. 我评价过学生的作业或为学生考试打过分。

f. 我在教学中使用过信息技术（例如：PPT、动画、视频等）。

g. 我给学生明确指出过学习目标。

h. 我有固定的教学工作时间。

i. 我有明确的教学理念。

j. 我有连续参与教学的机会，我对教学的责任心也与日俱增（例如：从评分者到小组负责人再到独立的指导者，或从实验室助理到实验室主要管理员再到组织开展实验）。

k. 我曾任本校某一门本科生课程的初级讲师。

l. 我曾任其他学校某一门本科生课程的初级讲师。

4. 在攻读博士学位期间，您参加过以下哪些与您专业相关的社会服务活动？（可多选）

a. 我参加过与我专业相关的公民活动或宣传活动（例如：撰写法律法规、撰写评论文章、提供证词等）。

b. 我曾面向我所学专业以外的人做过有关我的研究的正式讲座（例如：校友、民间组织等）。

c. 我参加过一些面向公众的教育活动（例如：博物馆展览、大脑认知周、公共历史项目等）。

d. 我参加过面向幼儿园到十二年级学生或本科生的教育活动（例如：主题日活动、家庭教师、扫盲计划等）。

5. 在开始撰写博士学位论文之前,您参加过以下哪些与学术研究相关的活动?(可多选)

a. 我探讨过何为好的研究问题。

b. 我对我的研究领域内的已发表的文献进行过批判性的综述和评价。

c. 我协助过他人开展一个研究计划或资助计划。

d. 我独立开展过有研究基金资助的研究计划。

e. 我曾分析解释过数据(或文本)。

f. 我撰写过研究发现。

6. 您是否已经开始博士学位论文写作(例如:文献综述、开题报告、数据收集等)?

a. 是

b. 否

7. 在博士学位论文写作期间,您参加过以下哪些与学术研究相关的活动?(可多选)

a. 我探讨过如何提出一个好的研究问题。

b. 我对我的研究领域内的已发表的文献进行过批判性的综述和评价。

c. 我帮助过他人开展一个研究计划或资助计划。

d. 我独立开展过有研究基金或奖学金资助的研究计划。

e. 我曾分析解释过数据(或文本)。

f. 我曾撰写过研究发现。

g. 我还没有开始博士学位论文的相关研究。

8. 在攻读博士学位期间,我参与过有其他学科同伴的联合学术活动(研究、教学、社会服务、写作):

a. 从未

b. 两次或两次以下

c. 三次或三次以上

9. 在攻读博士学位期间,您在会议上做过几次研究报告(包括海报展示)?(请填写数字)

a. 在本学校_____次

b. 在全国或区域性会议上_____次

10. 在攻读博士学位期间,您独立或合作发表过多少篇研究论文(包括已经被录用但尚未发表的文章)？_____篇

11. 请在以下空白处详述这一部分中涉及的任何问题的答案,或者告诉我们其他您想让我们知道的关于您博士生学习期间的任何事情。(请将字数控制在250字以内。)

二、您和导师及其他指导教师的互动体验

这一部分的问题涉及您攻读博士学位期间对您有过指导的教师群体。您的第一导师是正式作为您的学术导师、博士论文的指导者或研究指导者的教师。如果您还有合作导师,请回答关于与您合作最紧密的一位老师的问题。如果您没有其他指导教师,请跳过相关问题。这一部分共有4个问题。

12. 以下哪些行为可以形容您的第一导师？

	完全不是				很大程度	
A. 我做研究出现问题时,我都能及时联系到我的指导教师。	1	2	3	4	5	不确定
B. 我的指导教师对我做的研究会定期给予反馈意见。	1	2	3	4	5	不确定
C. 我的指导教师对我攻读学位期间的研究进展会定期给予反馈意见。	1	2	3	4	5	不确定
D. 我的指导教师的反馈意见对我很有价值。	1	2	3	4	5	不确定
E. 我的指导教师帮助我拓宽本领域内的专业人脉。	1	2	3	4	5	不确定
F. 我的指导教师在他人面前能够支持我。	1	2	3	4	5	不确定
G. 我的指导教师能够在学术上给我提出挑战性要求。	1	2	3	4	5	不确定
H. 我的指导教师给我提供学术职业发展方面的信息。	1	2	3	4	5	不确定
I. 我的指导教师给我提供非学术职业发展方面的信息。	1	2	3	4	5	不确定
J. 我的指导教师支持我选择的事业。	1	2	3	4	5	不确定
K. 我的指导教师和我保持着良好的学术关系。	1	2	3	4	5	不确定
L. 我的导师非常了解我的性格和专业兴趣。	1	2	3	4	5	不确定

13. 您认为教师中有多少人可以视为您的导师或指导教师？

a. 没有

b. 一位

c. 两位

d. 三位

e. 四位或四位以上

14. 以下哪些人一直给您提供有效的帮助和建议？（可多选）

a. 我的第一导师或正式导师

b. 其他教师（非正式导师）

c. 一位我博士生项目中的同学

d. 一位博士后人员

e. 我的配偶

f. 其他家人

g. 一位朋友（上述未提及的）

h. 没有人

i. 其他人（请具体指出）＿＿＿＿＿＿＿

15. 请在以下空白处详述这一部分中涉及的任何问题的答案，或者告诉我们其他您想让我们知道的关于您和导师或者其他指导教师之间的互动体验。（请将字数控制在 250 字以内。）

三、您对您所在的博士生项目的理解

博士生项目包括正式的书面要求（例如：课程、考试、学位论文以及学生必须注册的学期数要求）和非正式的期望（例如：参加各类会议、指导低年级学生、申请参加校外活动）。有些博士生项目明确了正式的和非正式的要求，有一些并未清楚地区分。在这部分我们想明确您为了获得博士学位必须完成的正式要求和非正式期望的清晰度。这一部分共有 4 个问题。

16. 您在多大程度上了解完成您所在的博士生项目的正式要求？

a. 我了解得足够清晰，且能向其他人说明。

b. 我了解得足够清晰，且能在博士生项目期间完成它，但是我尚不能向他人充分解释清楚。

c. 我对这些要求理解得不透彻。

d. 我不了解相关的要求。

17. 您在多大程度上了解完成您所在的博士生项目的非正式（或未言明的）期望？

a. 我了解得足够清晰，且能向其他人说明。

b. 我了解得足够清晰，且能在博士生项目期间完成它，但是我尚不能向他人充分解释清楚。

c. 我对这些要求理解得不透彻。

d. 我不了解相关的要求。

18. 在您所在的博士生项目中，是否向您清晰地阐释了以下要求或期望的教育目的？（如果不是您所在的博士生项目中的要求，请选择不确定。）

	是	否	不确定
A. 第一年的课程总览及简介			
B. 综合考试（一般在前两年，用以表明对所学学科的掌握）			
C. 资格考试或过程（成为博士候选人的必然要求）			
D. 学位论文开题报告			
E. 口头报告或学位论文答辩			
F. 学习进展的年度报告			
G. 准备研究计划或资助计划			
H. 开展一个研究项目（整个研究项目的子项目）			
I. 开展职业生涯规划			

19. 请在以下空白处详述这一部分中涉及的任何问题的答案，或者告诉我们其他您想让我们知道的关于您对您所在的博士生项目的理解。（请将字数控制在250字以内。）

四、共同体意识

院系和学科包含多个在社会交往和学术交流层面的学者共同体。参与这些共同体的方式包括正式的交流（如在教室、研讨会、实验室和办公室的交流）和非正式的活动（如午餐会），也包括一些基本的社交活动（如便餐会、垒球队）。还有一些交流可能不是面对面的，而是采用其他的方式（如邮件、信件、电话）。这一部分共有 5 个问题。

20. 在攻读博士学位期间，您参加过以下所述的哪些院系共同体的活动？（可多选）

　　a. 我在院系教师委员会做过服务工作。

　　b. 我在教师招聘岗位上担任过正式职务（比如担任过遴选委员会委员、面试候选人）。

　　c. 我在研究生招生岗位上担任过正式职务（比如担任过招生委员会委员、接待来访的潜在的学生）。

　　d. 我参加过学生活动（如社交活动、新生适应引导、学习小组）。

　　e. 我组织过学生活动。

　　f. 我辅导过研究生。

　　g. 我辅导过本科生。

　　h. 我曾给予也收到过同学的主意想法或者工作进展方面的反馈意见。

　　i. 我加入了不止有现在的同学，还包括高年级和低年级同学的学术网络。

　　j. 我认识很多本学科以外的我们院系的教师和学生。

21. 在攻读博士学位期间，您参加过以下所述的哪些更广泛的院系共同体的活动？（可多选）

　　a. 我订阅过专业期刊。

　　b. 我加入过专业协会。

　　c. 我在一个专业协会的委员会做过服务工作。

　　d. 我参加过全国性或区域性的专业会议。

　　e. 我定期阅读专业期刊。

f. 我曾给予也收到过外校教师或研究者在思想或者工作进展方面的反馈意见。

g. 我曾给予也收到过外校学生在思想或者工作进展方面的反馈意见。

h. 我加入的学术网络已经超越了我的学校和院系（如我和之前的同学、同事保持联系，与其他学校的志同道合的同事交流）。

22. 在您攻读博士学位期间，以下共同体在多大程度上可被视为学术和社会共同体？

	完全不是			很大程度		
A. 同级学生（同一年入学）	1	2	3	4	5	不确定
B. 跨级学生	1	2	3	4	5	不确定
C. 实验室成员	1	2	3	4	5	不确定
D. 同一研究领域成员	1	2	3	4	5	不确定
E. 整个院系或博士生项目成员	1	2	3	4	5	不确定

23. 您在多大程度上参与这些共同体？

	完全不是			很大程度		
A. 同级学生	1	2	3	4	5	不确定
B. 跨级学生	1	2	3	4	5	不确定
C. 实验室成员	1	2	3	4	5	不确定
D. 同一研究领域成员	1	2	3	4	5	不确定
E. 整个院系或博士生项目成员	1	2	3	4	5	不确定

24. 请在以下空白处详述这一部分中涉及的任何问题的答案，或者告诉我们其他您想让我们知道的关于您对共同体的认识。（请将字数控制在 250 字以内。）

五、您的博士生项目的成果

无论您有怎样的职业追求，在您的博士生项目完成后，您将会加入一个有相关规范要求的共同体。有一些知识、能力和思维习惯方面的规范和标准是您在完成博士生学习之后所要习得的。我们想要知道在职业生涯的这一阶段，您在多大程度上相信自己对相关规范和标准很好地进行了吸收和同化。我们同时也想了解关于这一方面您对自身博士生生涯的评估。这一部分共有8个问题。

25. 您的博士生就读经验在多大程度上有助于您在以下领域中知识、能力和思维习惯的提升？

	完全没有　　　很大程度	
A. 总体而言，我对我的学科有个全面的了解。	1　2　3　4　5	不确定
B. 我至少专长于某一专业领域。	1　2　3　4　5	不确定
C. 我精通本学科常用的研究方法。	1　2　3　4　5	不确定
D. 我熟悉多数本领域中常用的研究方法。	1　2　3　4　5	不确定
E. 我了解本学科中的主要研究问题和存在的争议。	1　2　3　4　5	不确定
F. 我了解本学科方法论上的主要研究问题和存在的争议。	1　2　3　4　5	不确定
G. 我熟知本学科的发展史。	1　2　3　4　5	不确定
H. 我能在本学科的知识发展中合理定位我的研究工作。	1　2　3　4　5	不确定
I. 我理解本学科的知识与公众关注问题的相关度。	1　2　3　4　5	不确定
J. 我能很好地与同事合作。	1　2　3　4　5	不确定
K. 我乐意向本学科之外的人解释本学科的基本观念。	1　2　3　4　5	不确定
L. 我遵循本学科相关实践的伦理标准。	1　2　3　4　5	不确定
M. 我可以设计并教授本领域内的一门课程。	1　2　3　4　5	不确定
N. 我在教学中可以使用多种教学策略。	1　2　3　4　5	不确定
O. 我可以营造包容多元学生群体和多种学习风格的课堂气氛。	1　2　3　4　5	不确定
P. 我可以用本学科要求的口语规范形式来表达我的观点。	1　2　3　4　5	不确定
Q. 我可以向同事（包括比我年级高的同事）陈述或者辩护一个观点。	1　2　3　4　5	不确定
R. 我可以提出值得研究且有意义的问题。	1　2　3　4　5	不确定
S. 我可以设计出达到本学科领域可信赖标准的研究。	1　2　3　4　5	不确定
T. 我可以独立完成一项研究设计。	1　2　3　4　5	不确定
U. 我已经做好准备成为本学科共同体中的领军人物。	1　2　3　4　5	不确定
V. 我可以将我学到的知识和技能应用到重要社会问题的解决上。	1　2　3　4　5	不确定

26. 您的博士生项目注重哪三个领域的发展？（选三项）

a. 对本学科整体的、全面的理解。

b. 至少在某一专业知识领域十分见长。

c. 熟悉本领域中的一些常用的研究方法。

d. 熟悉多数本领域中常用的研究方法。

e. 了解本学科中的主要研究问题和存在的争议。

f. 了解本学科方法论上的主要研究问题和存在的争议。

g. 熟知本学科的发展史。

h. 能在本学科的知识地图中合理定位我的研究工作。

i. 理解本学科的知识与公众关注的议题的相关度。

j. 能很好地与同事合作。

k. 有信心向本学科之外的人解释本学科的基本观念。

l. 遵循本学科相关实践的伦理标准。

m. 设计并教授本领域内的一门课程的能力。

n. 在教学中能够使用多种教学策略。

o. 营造包容多元学生群体和多种学习风格的课堂氛围。

p. 用本学科要求的口语规范形式来表达我的观点。

q. 向同事（包括比我年级高的同事）陈述或者辩护一个观点。

r. 提出值得研究且有意义的问题。

s. 设计出达到本学科领域可信赖标准的研究。

t. 我可以独立完成一项研究设计。

u. 作为学院学术共同体的一员参与活动的能力。

v. 作为本学科学术共同体的一员参与活动的能力。

27. 如果时间可以倒流，您了解了您现在所了解的一切，您还会攻读博士学位吗？

a. 会

b. 也许会

c. 不会

28. 如果您可以选择重新攻读博士学位，您会改变以下几个方面的选择吗？

	会	也许会	不会
A. 专业			
B. 研究领域			
C. 学校			
D. 院系			
E. 导师			

29. 现在您对您的学业：

	完全没有　　　　很大程度	
A. 您在多大程度上满意您在整个博士生项目中的教育体验？	1　2　3　4　5	不确定
B. 您觉得您是否已经准备好在您的学科领域内开始您的职业生涯？	1　2　3　4　5	不确定

30. 您的首选职业是什么？

a. 我更喜欢谋求一个以科研为主的教师岗位。

b. 我更喜欢谋求一个以教学为主的教师岗位。

c. 我更喜欢谋求一个非教学的学术科研岗位。

d. 我更喜欢在公司、政府或者非营利组织工作。

e. 我更喜欢自主创业。

f. 未决定。

g. 其他（请具体指明）_____

31. 不考虑您的职业目标，在您所在的学院里，有多少教师对您的原则和追求的生活给予人性化的考虑？

a. 没有

b. 一个或两个

c. 三个或三个以上

32. 请在以下空白处详述这一部分中涉及的任何问题的答案，或者告诉我们其他您想让我们知道的关于您的博士生项目取得的成果方面的事情。（请将字数控制在 250 字以内。）

六、您的博士生项目和卡内基博士生教育促进计划

我们想要知道，在您的印象中，过去一年里卡内基博士生教育促进计划对您所在的院系有多大的影响。这一部分共有 4 个问题。

33. 您是否被邀请参加您所在院系的卡内基博士生教育促进计划的相关活动？

a. 是

b. 不确定

c. 否

34. 您是否觉得您和其他博士生的意见能影响您博士生项目中的卡内基博士生教育促进计划的决策过程？（如果您没有参加过或者不知道，请选择不确定。）

	完全没有　　很大程度
多大程度？	1　2　3　4　5　　不确定

35. 提出的建议对您的博士生项目是否有重大意义？（如果您没有参加过或者不知道，请选择不确定。）

	完全没有　　很大程度
有多大的意义？	1　2　3　4　5　　不确定

36. 请在以下空白处详述这一部分中涉及的任何问题的答案，或者告诉我们其他您想让我们知道的关于您博士生项目中的参与卡内基博士生教育促进计划的事情。（请将字数控制在 250 字以内。）

七、您的个人信息

37. 您的专业：

a. 化学

b. 教育学

c. 英语

d. 历史学

e. 数学

f. 神经科学

38. 您所在的大学？ _____

39. 您已经花了几年的时间来完成您的博士生项目？ _____

40. 您预期您获得博士学位还需要几年时间？ _____

41. 您已经完成了以下哪些项目？

a. 必修课程

b. 资格考试

c. 成为博士候选人

d. 提交的学位论文开题报告得到认可

e. 论文答辩

f. 都没有

42. 性别：

a. 男

b. 女

43. 年龄：_____

44. 国籍：

a. 美国公民

b. 外籍居民

c. 其他（请具体指明） _____

45. 民族/种族：（如果不止一项，请选择所有合适的选项。）

a. 非西班牙裔白人
b. 非西班牙裔黑人
c. 西班牙或拉丁美洲人
d. 亚洲人
e. 夏威夷原住民或其他太平洋岛屿居民
f. 美国印第安人或阿拉斯加原住民

附录五

博士生教师调查问卷

一、博士生课程教学和博士生指导

这部分问题涉及您在博士生课程教学和博士生指导时扮演的角色。一些问题的选项侧重于您作为第一导师所扮演的角色,其他问题则关注于一般意义上的教学和指导。这部分共有 5 个问题。

1. 您在给博士生教授课程时(参与课程的多数学生在攻读博士学位),以下行为出现的频率为:

	从不	很少		几乎每一个课程模块	
A. 探讨本学科思想和研究方法的发展历程。	1	2	3 4	5	不确定
B. 探讨您在开设这门课时的抉择。	1	2	3 4	5	不确定
C. 探讨本学科的争议问题。	1	2	3 4	5	不确定
D. 探讨本学科当前的重要问题。	1	2	3 4	5	不确定
E. 探讨本学科的社会贡献。	1	2	3 4	5	不确定
F. 探讨研究中可能出现的伦理困境(例如:知识产权、剽窃和保密性)。	1	2	3 4	5	不确定
G. 探讨教学中可能出现的伦理困境(例如:作弊、性骚扰)。	1	2	3 4	5	不确定
H. 探讨在工作场景中可能出现的伦理困境(例如:言论自由、知识产权、良知问题、利益冲突)。	1	2	3 4	5	不确定
I. 探讨何为好的研究问题。	1	2	3 4	5	不确定
J. 让学生就本学科研究领域内已发表的文献进行过批判性的综述和评价。	1	2	3 4	5	不确定

2. 我们非常认同学生之间有很大的差异，因此教师指导学生的方式也应该发生变化。

（1）请以一个您作为第一导师（第一导师在这指第一学术导师、学位论文委员会主席或研究指导教师）指导的典型的学生为例，估计您以下行为的频率：

	从不	很少		几乎每一个课程模块	
A. 对学生攻读学位期间的进展给予反馈意见。	1	2 3 4	5	不确定
B. 对学生的研究给予反馈意见。	1	2 3 4	5	不确定
C. 对学生的教学给予反馈意见。	1	2 3 4	5	不确定
D. 在他人面前支持学生。	1	2 3 4	5	不确定
E. 提供学术职业发展方面的信息。	1	2 3 4	5	不确定
F. 提供非学术职业发展方面的信息。	1	2 3 4	5	不确定
G. 征求学生在教学方面的意见。	1	2 3 4	5	不确定
H. 征求学生在研究方面的意见。	1	2 3 4	5	不确定
I. 相互合作关系中建立共同的目标。	1	2 3 4	5	不确定
J. 在博士毕业之后仍帮助学生开展研究项目。	1	2 3 4	5	不确定

（2）请以您作为论文委员会成员但又不是其第一导师指导的典型的学生为例，估计您以下行为的频率：

	从不	很少		几乎每一个课程模块	
A. 对学生攻读学位期间的进展给予反馈意见。	1	2 3 4	5	不确定
B. 对学生的研究给予反馈意见。	1	2 3 4	5	不确定
C. 对学生的教学给予反馈意见。	1	2 3 4	5	不确定
D. 在他人面前支持学生。	1	2 3 4	5	不确定
E. 提供学术职业发展方面的信息。	1	2 3 4	5	不确定
F. 提供非学术职业发展方面的信息。	1	2 3 4	5	不确定
G. 征求学生在教学方面的意见。	1	2 3 4	5	不确定

	从不	很少		几乎每一个课程模块	
H. 征求学生在研究方面的意见。	1	2 3 4	5	不确定
I. 相互合作关系中建立共同的目标。	1	2 3 4	5	不确定
J. 在博士毕业之后仍帮助学生开展研究项目。	1	2 3 4	5	不确定

3. 在上课之外，您一般多久和您作为第一导师指导的学生见一次面？根据不同阶段的学生进行选择。

（1）一年级学生：

a. 一学期一次至两次

b. 一个月一次

c. 一周一次

d. 一周两次至三次

e. 每天

f. 不确定

（2）一年内将要完成学位论文的学生：

a. 一学期一次至两次

b. 一个月一次

c. 一周一次

d. 一周两次至三次

e. 每天

f. 不确定

4. 您是否尝试着效仿某位教师指导博士生的方式？（可多选）

a. 没有效仿的教师

b. 我的博士生导师

c. 研究生项目或博士后项目中的一位教师

d. 本科生项目中的一位教师

e. 本校或外校我曾合作过的同事

f. 其他人（请具体指出）＿＿＿＿＿＿

5. 请在以下空白处详述这一部分中涉及的任何问题的答案（博士生课程教学和博士生指导）。（请将字数控制在 250 字以内。）

二、学生成果

这一部分是请您评价您的学生博士项目的学习成果，尤其是评价学生通过博士项目学习之后成为教师、研究者和本学科领域成员所需技能的精通程度。本部分共有 7 个问题。

6. 作为第一导师（第一学术导师、学位论文委员会主席或研究指导教师），您觉得确保您的学生获得博士学位后成为一位有影响力的老师有多么重要？

一点也不				非常重要	
1	2	3	4	5	不确定

7. 请以您作为第一导师或者学位论文委员会成员指导的典型的学生为例，他获得博士学位时，在以下教学方面的精通程度如何？

	不会　　　优秀
A. 作讲座。	1　2　3　4　5　不知道　不确定
B. 熟知本学科的发展史。	1　2　3　4　5　不知道　不确定
C. 主持讨论课。	1　2　3　4　5　不知道　不确定
D. 准备大纲。	1　2　3　4　5　不知道　不确定
E. 设计任务或考试。	1　2　3　4　5　不知道　不确定
F. 评估任务或考试。	1　2　3　4　5　不知道　不确定
G. 营造包容多元学生和多种学习风格的课堂气氛。	1　2　3　4　5　不知道　不确定
H. 为学生确定学习目标。	1　2　3　4　5　不知道　不确定

8. 学生通过不同的方式学习如何教学，包括参加学科教学课程、从教学指导者处获取反馈意见、承担一系列的指导课程等。对您的学生而言，哪些活动和经

验对其学习如何教授本科生课程最有效？（请将字数控制在 250 字以内。）

9. 请以您作为第一导师或者学位论文委员会成员指导的典型的学生为例，他获得博士学位时，在以下科研方面的精通程度如何？

	不会				优秀		
A. 对学科有整体的理解。	1	2	3	4	5	不知道	不确定
B. 辨别何为好的研究问题。	1	2	3	4	5	不知道	不确定
C. 提出好的研究问题。	1	2	3	4	5	不知道	不确定
D. 选择可操作的研究问题或研究项目。	1	2	3	4	5	不知道	不确定
E. 批判性地评估或综述本领域已有的文献。	1	2	3	4	5	不知道	不确定
F. 熟练使用研究方法。	1	2	3	4	5	不知道	不确定
G. 独立完成研究计划或资助项目申请书。	1	2	3	4	5	不知道	不确定
H. 在教师的支持和引导下分析和解释数据或文本。	1	2	3	4	5	不知道	不确定
I. 独立分析和解释数据或文本。	1	2	3	4	5	不知道	不确定
J. 为公开发表的论文撰写研究发现。	1	2	3	4	5	不知道	不确定
K. 与其他同事很好地合作。	1	2	3	4	5	不知道	不确定
L. 遵循本领域的实践伦理标准。	1	2	3	4	5	不知道	不确定
M. 运用所学的知识和技能解决重要的社会问题。	1	2	3	4	5	不知道	不确定

10. 学生通过参与多种活动和尝试不同的经验来使其精通研究的各个方面，比如阅读文献、在一个研究小组工作以及在会议上汇报研究发现。

a. 对您的学生而言，哪些活动和经验对其学习如何提出好的研究问题最有效？（请将字数控制在 250 字以内。）

b. 对您的学生而言，哪些活动和经验对其学习如何独立分析和解释数据或文本最有效？（请将字数控制在 250 字以内。）

11. 作为指导教师，您做过的哪些事对学生的"全面成功"最有效？请先对"全面成功"做一界定。（请将字数控制在 250 字以内。）

12. 请在以下空白处详述这一部分中涉及的任何问题的答案(学生成果)。(请将字数控制在 250 字以内。)

三、您的院系和博士项目

院系和学科包含多个在社会交往和学术交流层面的学者共同体。参与这些共同体的方式包括正式的交流(如在教室、研讨会、实验室和办公室的交流)和非正式的活动(如午餐会),也包括一些基本的社交活动(如便餐会、垒球队)。还有一些交流可能不是面对面的,而是采用其他的方式(如邮件、信件、电话)。这一部分共有 5 个问题。

13. 您所在的院系或博士项目中,以下群体在多大程度上可被视为知识共同体或社会共同体?

	完全不是				很大程度	
A. 同级学生(同一年入学)。	1	2	3	4	5	不确定
B. 跨级学生。	1	2	3	4	5	不确定
C. 实验室成员。	1	2	3	4	5	不确定
D. 同一研究领域成员。	1	2	3	4	5	不确定
E. 整个院系或博士项目的教师。	1	2	3	4	5	不确定
F. 整个院系或博士项目的师生。	1	2	3	4	5	不确定
G. 跨学科研究团队。	1	2	3	4	5	不确定
H. 同级学生(同一年入学)[①]。	1	2	3	4	5	不确定

14. 您在多大程度上参与这些共同体?

	完全没有				很大程度	
A. 实验室成员。	1	2	3	4	5	不确定
B. 同一研究领域成员。	1	2	3	4	5	不确定
C. 整个院系或博士项目的教师。	1	2	3	4	5	不确定
D. 整个院系或博士项目的师生。	1	2	3	4	5	不确定
E. 跨学科研究团队。	1	2	3	4	5	不确定

---

① 译者注:与选项 A 相同,原文如此。

15. 教师对博士项目中的学生有相应的要求。有一些要求是教师之间达成共识的，另外不同的教师会有不同的要求。在您所在的院系中，教师在以下方面多大程度上达成共识？

	完全个性化的				所有教师达成共识	
A. 博士项目的目的。	1	2	3	4	5	不确定
B. 资格考试的教育目的。	1	2	3	4	5	不确定
C. 学生在资格考试达到合格标准的要求。	1	2	3	4	5	不确定
D. 第一导师的职责。	1	2	3	4	5	不确定
E. 非第一导师的学位论文委员会成员的职责。	1	2	3	4	5	不确定
F. 学位论文的严谨程度和质量标准。	1	2	3	4	5	不确定
G. 毕业生合理的职业选择。	1	2	3	4	5	不确定

16. 您认为，博士项目中能让博士生成为青年学者最有效的共同体及其特点是什么？在您所在的院系和博士项目中，以上共同体活动的频率和效果如何？（请将字数控制在 250 字以内。）

17. 请在以下空白处详述这一部分中涉及的任何问题的答案（关于您所在的院系和博士项目）。（请将字数控制在 250 字以内。）

四、您的博士项目与卡内基博士生教育促进计划

我们想要知道，在您印象中，过去一年里卡内基博士生教育促进计划对您所在的院系有多大的影响。这一部分共有 4 个问题。

18. 您是否被邀请参加过您所在院系的卡内基博士生教育促进计划的相关活动？

  a. 是
  b. 否

c. 不确定

19. 您是否觉得您和其他教师的意见能影响您所在的博士项目中的卡内基博士生教育促进计划的决策过程。（如果您没有参加过或者不知道，请选择不确定。）

	完全没有　　很大程度	
多大程度？	1　2　3　4　5	不确定

20. 提出的建议对您所在的博士项目是否有重大意义？（如果您没有参加过或者不知道，请选择不确定。）

	完全没有　　很大程度	
有多大的意义？	1　2　3　4　5	不确定

21. 请在以下空白处详述这一部分中涉及的任何问题的答案（关于您所在的博士项目和卡内基博士生教育促进计划）。（请将字数控制在250字以内。）

五、您的个人信息

22. 您的专业：

a. 化学

b. 教育学

c. 英语

d. 历史学

e. 数学

f. 神经科学

23. 您所在的大学：_____

24. 在您的教师生涯中，您作为第一导师指导过多少名学生？

a. 0

b. 1~5 名

c. 6~10 名

d. 11~15 名

e. 15 名以上

25. 您正在指导多少名博士生？

a. 第一导师或学位论文委员会主席：_____

b. 学位论文委员会成员（非主席）：_____

c. 尚未开始博士学位论文的学生的指导教师：_____

26. 您目前是终身教职或在终身教职序列中吗？

a. 是

b. 不是（如果不是，请结束问卷调查。）

27. 您在目前的单位任职多久？

a. 0~3 年

b. 4 年及以上

28. 您在什么时候获得的博士学位？

a. 2001—2004 年

b. 1991—2000 年

c. 1981—1990 年

d. 1971—1980 年

e. 1970 年或之前

29. 您是否在以下行政岗位任职过？（可多选；包括您博士毕业之后任职过的所有单位。）

a. 学系主任或项目负责人

b. 研究生教学负责人

c. 研究生招生委员会成员

d. 研究生政策委员会成员

e. 教师调查委员会成员

f. 终身教职和晋升委员会成员

g. 学术管理者（例如：院长、副院长或院长助理）

h. 卡内基博士生计划领导小组或委员会

i. 以上均没有

j. 其他（请具体指出）：_____

30. 您的性别：

a. 男

b. 女

参考文献

American Chemical Society. *Graduate Education in Chemistry. The ACS Committee on Professional Training: Surveys of Programs and Participants*. Washington, D. C.: American Chemical Society, 2002.

Arenson, K. W. "Columbia Soothes the Dogs of War in Its English Dept." *New York Times*, Mar. 17, 2002.

Arizona State University, "Outstanding Graduate Mentors." http://graduate. asu. edu/ outstandingmentors. html, n. d.

Association of American Universities. "The Seventh Annual Conference." *Journal of Proceedings and Addresses of the Conference*. Washington, D. C.: Association of American Universities, 1906 (7).

Association of American Universities. *Committee on Graduate Education: Report and Recommendations*. Washington, D. C.: Association of American Universities, 1998a.

Association of American Universities. *Committee on Postdoctoral Education: Report and Recommendations*. Washington, D. C.: Association of American Universities, 1998b.

Association of American Universities. *Report of the Interdisciplinarity Task Force*. Washington, D. C.: Association of American Universities, 2005.

Atkinson, R., and Tuzin, D. "Equilibrium in the Research University." *Change,* 1992, 24 (3), 20–29.

Austin, A. E. "Preparing the Next Generation of Faculty: Graduate School as Socialization to the Academic Career." *Journal of Higher Education,* 2002, 73 (1), 94–122.

Bacchetti, R., and Ehrlich, T. (eds.). *Reconnecting Education & Foundations: Turning Good Intentions into Educational Capital.* San Francisco: Jossey-Bass, 2006.

Bargar, R. R., and Duncan, J. K. "Cultivating Creative Endeavor in Doctoral Research." *Journal of Higher Education*, 1982, 53 (1), 1–31.

Becher, T., and Trowler, P. R. *Academic Tribes and Territories: Intellectual Enquiry and the Culture of Disciplines.* Buckingham: The Society for Research into Higher Education & Open University Press, 2001.

Bender, T. "Expanding the Domain of History." In C. M. Golde and G. E. Walker (eds.), *Envisioning the Future of Doctoral Education: Preparing Stewards of the Discipline. Carnegie Essays on the Doctorate.* (pp. 295–310). San Francisco: Jossey-Bass, 2006.

Bender, T., Katz, P. M., Palmer, C., and Committee on Graduate Education of the American Historical Association. *The Education of Historians for the Twenty-First Century.* Urbana: University of Illinois Press, 2004.

Berelson, B. *Graduate Education in the United States.* New York: McGraw-Hill, 1960.

Berliner, D. C. "Toward a Future as Rich as Our Past." In C. M. Golde and G. E. Walker (eds.), *Envisioning the Future of Doctoral Education: Preparing Stewards of the Discipline. Carnegie Essays on the Doctorate.* (pp, 268–289). San Francisco: Jossey-Bass, 2006.

Beyer, C. H., Gillmore, G. M., and Fisher, A. T. *Inside the Undergraduate Expe-rience: The University of Washington's Study of Undergraduate Learning.* San Francisco: Jossey-Bass, 2007.

Board on Mathematical Sciences. *Renewing U. S. Mathematics: A Plan for the 1990s.* Washington, D. C.: National Academy Press, 1990.

Board on Mathematical Sciences. *Educating Mathematical Scientists: Doctoral Study and the Postdoctoral Experience in the United States.* Washington, D. C.; National Academy Press, 1992.

Boston University School of Medicine Department of Anatomy and Neurobiology. *GMS AN 805 Teaching in the Biomedical Sciences II—Practicum.* http://www. bu. edu/dbin/anatneuro/programs/courses/gms–an–804/overview. php, n. d.

Bousquet, M. "The Waste Product of Graduate Education. Toward a Dictatorship of the Flexible." *Social Text*, 2002, 20 (1), 81–104.

Bowen, W. G., and Rudenstine, N. L. In Pursuit of the PhD. Princeton, N. J.: Princeton University Press, 1992.

Bowen, W. G., and Sosa, J. A. *Prospects for Faculty in the Arts and Sciences: A Study of Factors Affecting Demand and Supply*, 1987–2012. Princeton, N. J: Princeton University Press, 1989.

Boyer, E. L. *Scholarship Reconsidered: Priorities of the Professoriate.* Princeton, N. J: The Carnegie Foundation for the Advancement of Teaching, 1990.

Bransford, J. D., Brown, A. L., and Cocking, R. R. (eds.). *How People Learn: Brain, Mind, Experience, and School.* Washington, D. C.: National Research Council, 2000.

Breneman, D. W. *Graduate School Adjustments to the "Nev Depression" in Higher Education.* Washington, D. C.: National Academy of Sciences, 1975.

Brooks, P. "Graduate Learning as Apprenticeship." *The Chronicle of Higher Education*, Dec. 20, 1996, 43 (17).

Brown, J. S, "New Learning Environments for the 21st Century: Exploring the Edge." *Change*, 2006, 38 (5), 18–24.

Brown, J. S., Collins, A., and Duguid, P. "Situated Cognition and the Culture of Learning." *Educational Researcher*, 1989, 18 (1), 35–42.

Brown, J. S., and Duguid, P. *The Social Life of Information.* Boston: Harvard Business School Press, 2000.

Brunette, L. "New Dual-Degree Program Meshes Neuroscience and Public Policy."

Quarterly: for Alumni and Friends of University of Wisconsin School of Medicine and Public Health, 2006, 8 (12), 30–31.

Bush, V. *Science, the Endless Frontier: A Report to the President.* Washington, D. C.: Office of Scientific Research and Development, 1945.

Carnegie Foundation for the Advancement of Teaching. *The Carnegie Classifi-cation of Institutions of Higher Education.* http://www. carnegiefoundation. org/classifications/index. asp, 2006.

Carnegie Initiative on the Doctorate. *Overview of Doctoral Education Studies and Reports: 1990–Present.* Stanford, Calif. Carnegie Foundation for the Advancement of Teaching, 2001.

Center for the Integration of Research Teaching and Learning. *The Pillars of CIRTL.* http://cirtl. wceruw. org/pillars. html, n. d.

Chan, T. F. "A Time for Change?The Mathematics Doctorate." In C. M. Golde and G. E. Walker (eds.), *Envisioning the Future of Doctoral Education: Preparing Stewards of the Discipline. Carnegie Essays on the Doctorate.* (pp. 120–134). San Francisco: Jossey-Bass, 2006.

Cherwitz, R. A., and Sullivan, C. A. "Intellectual Entrepreneurship: A Vision for Graduate Education." *Change*, 2002, 88 (6), 23–27.

Choy, S. P, Cataldi, E. F, and Griffith, *J. Student Financing of Graduate and First-Professional Education, 2003–04: Profiles of Students in Selected Degree Programs and Part-Time Students* (NCES 2006–185). Washington, D. C.: National Center for Education Statistics, 2006.

Collaborative on Academic Careers in Higher Education. *New Study Indicates Faculty Treatment Matters More Than Compensation.* http://www. coache. org/reports/20060925. html, Sept. 26, 2006.

Collins, A., Brown, J. S., and Holum, A. "Cognitive Apprenticeship: Making Thinking Visible." *American Educator*, Winter, 1991.

Committee on Science Engineering and Public Policy. *Adviser, Teacher, Role Model,*

Friend: On Being a Mentor to Students in Science and Engineering. Washington, D. C.: National Academy Press, 1997.

Council of Graduate Schools. *Research Student and Supervisor. An Approach to Good Supervisory Practice*. Washington, D. C.: Council of Graduate Schools, 1990.

Council of Graduate Schools. *Ph. D. Completion and Attrition: Policy, Numbers, Leadership and Next Steps.* Washington, D. C.: Council of Graduate Schools, 2004.

Council of Graduate Schools. *The Doctor of Philosophy Degree*. Washington, D. C.: Council of Graduate Schools, 2005.

Council of Graduate Schools. *Graduate Education: The Backbone of American Competitiveness and Innovation.* Washington, D. C.: Council of Graduate Schools, 2007.

Cronon, W. "Getting Ready to Do History." In C. M. Golde and G. E. Walker (eds.), *Envisioning the Future of Doctoral Education: Preparing Stewards of the Discipline. Carnegie Essays on the Doctorate.* (pp. 327–349). San Francisco: Jossey-Bass, 2006.

Cuban, L. *How Scholars Trumped Teachers: Change Without Reform in University Curriculum, Teaching, and Research*, 1890–1990. New York: Teachers College Press, 1999.

Cyr, T., and Muth, R. "Portfolios in Doctoral Education." In P. L. Maki and N. Borkowski (eds.), *The Assessment of Doctoral Education.* (pp. 2 15–237). Sterling, Va.: Stylus Publishing, 2006.

Damrosch, D. "Vectors of Change." In C. M. Golde and G. E. Walker (eds.), *Envisioning the Future of Doctoral Education: Preparing Stewards of the Discipline. Carnegie Essays on the Doctorate.* (pp. 34–45). San Francisco: Jossey-Bass, 2006.

Davidson, C. N. "What If Scholars in the Humanities Worked Together, in a Lab?" *The Chronicle of Higher Education.* The Chronicle Review, May 28, 1999, 45 (38), p. B4Department of English and Comparative Literature. *Revisions to the Graduate*

Program. http://www. columbia. edu/cu/english/grad_revisions. htm, May 15, 2004.

Donald, J. G. *Learning to Think: Disciplinary Perspectives. San Francisco:* Jossey-Bass, 2002.

Dreyfus, H. L., Dreyfus, S. E., and Athanasiou, T. *Mind over Machine: The Power of Human Intuition and Expertise in the Era of the Computer.* New York: Free Press, 1986.

Edwards, M. *Studies in American Graduate Education*, New York: The Carnegie Foundation for the Advancement of Teaching, 1944.

Eells, W. C. "Earned Doctorates in American Institutions of Higher Education, 1861–1955." *Higher Education*, 1956, XII (7), 109–114.

Ehrenberg, R., and others. *Inside the Black Box of Doctoral Education: What Program Characteristics Influence Doctoral Students' Attrition and Graduation Probabilities?* Ithaca, N. Y: Cornell Higher Education Research Institute, 2005.

Eley, A. R., and Jennings, R. *Effective Postgraduate Supervision. Improving the Student/Supervisor Relationship*. Berkshire, England: Open University Press, 2005.

Elkana, Y., "Unmasking Uncertainties and Embracing Contradictions: Graduate Education in the Sciences." In C. M. Golde and G. E. Walker (eds.), *Envisioring the Future of Doctoral Education; Preparing Stewards of the Discipline. Carnegie Essays on the Doctorate.* (pp. 65–96). San Francisco; Jossey-Bass, 2006.

Everts, S. "Evolving the Doctorate: Carnegie Initiative Inspires Reshaping of Ph. D. Programs to Fit Modern Times." *Chemical & Engineering News,* Sept, 4, 2006, pp. 89–95.

Flexner, A. "Medical Education in the United States and Canada." *The Flexner Report (Bulletin No. 4)*. New York: The Carnegie Foundation for the Advancement of Teaching, 1910.

Foster, C. R., Dahill, L. E, Goleman, L. A., and Tolentino, B. W. *Educating Clergy: Teaching Practices and Pastoral Imagination.* San Francisco: Jossey-Bass, 2006.

Geiger, R. L. *To Advance Knowledge: The Growth of American Research Universities*,

1900–1940. New York: Oxford University Press, 1986.

Glazer, J. *A Teaching Doctorate?The Doctor of Arts Degree, Then and Now.* Washington, D. C.: American Association for Higher Education, 1993.

Goldberger, M., Maher, B. A., and Flattau, P. E. (eds.). *Research-Doctorate Programs in the United States; Continuity and Change.* Washington, D. C.: National Academy Press, 1995.

Golde, C. M. "The Role of the Department and Discipline in Doctoral Student Attrition: Lessons from Four Departments." *Journal of Higher Education*, 2005, 76 (6), 669–700.

Golde, C. M., and Dore, T. M. *At Cross Purposes: What the Experiences of Doctoral Students Reveal About Doctoral Education.* Philadelphia: A Report for the Pew Charitable Trusts, 2001. http//www. phd-survey. org/report. htm

Golde, C. M., Jones, L., Bueschel, A. C., and Walker, G. E. "The Challenges of Doctoral Program Assessment: Lessons from the Carnegie Initiative on the Doctorate." In P. L. Maki and N. Borkowski (eds.), *The Assessment of Doctoral Education.* (pp. 53–82). Sterling, Va.: Stylus Publishing, 2006.

Golde, C. M., and Rapp, K. "Assessing the Aims and Strategies of Doctoral Education in Six Disciplines." Paper presented at the annual conference of the American Educational Research Association, San Francisco, April 10, 2006.

Golde, C. M., and Walker, G. E. (eds.). *Envisioning the Future of Doctoral Education: Preparing Stewards of the Discipline. Carnegie Essays on the Doctorate.* San Francisco: Jossey-Bass, 2006.

Graduate School, University of Washington. *How to Mentor Graduate Students: A Faculty Guide.* The Graduate School, University of Washington, 2005a. http://www. grad. washington. edu/mentoring/GradFacultyMentor. pdf

Graduate School, University of Washington. *How to Obtain the Mentoring You Need: A Graduate Student Guide.* The Graduate School, University of Washington, 2005b. http://www. grad. washington. edu/mentoring/GradStudentMentor. pdf

Graff, G. *Beyond the Culture Wars: How Teaching the Conflicts Can Revitalize American Education*. New York: Norton, 1992.

Graff, G. *Clueless in Academe: How Schooling Obscures the Life of the Mind*. New Haven: Yale University Press, 2003.

Graff, G. "Toward a New Consensus: The Ph. D. in English." In C. M. Golde and G. E. Walker (eds.), *Envisioning the Future of Doctoral Education: Preparing Stewards of the Discipline. Carnegie Essays on the Doctorate*. (pp. 370–389). San Francisco: Jossey-Bass, 2006.

Gross, R. A. "The Adviser-Advisee Relationship." *The Chronicle of Higher Education Careers*, http//chronicle. com/jobs/2002/02/2002022802c. htm, Feb. 28, 2002.

Grossman, P, and others. *Unpacking Practice: The Teaching of Practice in the Preparation of Clergy, Teachers, and Clinical Psychologists*. Paper presented at the American Educational Research Association, Montreal, Canada, Apr, 2005.

Hall, D. "Collegiality and Graduate School Training." *Inside Higher Ed*, http://insidehighered. com/workplace/2006/01/24/hall, Jan. 24, 2006.

Hall, Z. W. "Maintaining Vitality Through Change." In C. M. Golde and G. E, Walker (eds.), *Envisioning the Future of Doctoral Education: Preparing Stewards of the Discipline. Carnegie Essays on the Doctorate*. (pp. 211–225). San Francisco: Jossey-Bass, 2006.

Handelsman, J., Pfund, C., Lauffer, S. M., and Pribbenow, C. M. *Entering Mentoring. A Seminar to Train a New Generation of Scientists*. Madison: University of Wisconsin Press, 2005.

Harmon, L. *A Century of Doctorates: Data Analysis of Growth and Change. Report for the National Research Council*. Washington, D. C.: National Academy Press, 1978.

Hartnett, R. T. "Environments for Advanced Learning," In J, Katz and R. T. Hartnett (eds.), *Scholars in the Making: The Development of Graduate and Professional Students*. (pp. 49–84). Cambridge: Ballinger Publishing, 1976.

Harvard University. *The Graduate School of Arts and Sciences: History and*

Organization. http://www. hugsas. harvard. edu/publications/handbook/history. html, n. d.

Heiss, A. M. "Berkeley Doctoral Students Appraise Their Academic Programs." *Educational Record*, Winter, 1967, 30–44.

Heiss, A. M. *Challenges to Graduate Schools.* San Francisco: Jossey-Bass, 1970.

Hoffer, T. B., and others. *Doctorate Recipients from United States Universities: Stummary Report 2000*. Chicago: National Opinion Research Center, 2001.

Hoffer, T. B., and others. *Doctorate Recipients from United States Universities: Summary Report 2004*. Chicago: National Opinion Research Center, 2005.

Hoffer, T. B., and others. *Doctorate Recipients from United States Universities: Summary Report 2005*. Chicago: National Opinion Research Center, 2006.

Huber, M. T., and Hutchings, P. *Integrative Learning: Mapping the Terrain.* Washington, D. C.: Association of American Colleges a nd Universities, 2004.

Huber, M. T, and Hutchings, P. *The Advancement of Learning: Building the Teaching Commons*. San Francisco: Jossey-Bass, 2005.

Hurtado, A. L. "Intellectual Entrepreneurship: Improving Education and Increasing Diversity." *Change*, 2007, 93 (1), 48–50.

Hutchings, P., and Clarke, S. E. "The Scholarship of Teaching and Learning: Contributing to Reform in Graduate Education." In D. Wulff and A. Austin (eds.), *Paths to the Professoriate*. (pp. 161–176). San Francisco Jossey-Bass, 2004.

Indiana University Department of English CID Committee. *Integrated Portfolio Draft June 04.* Unpublished memorandum, Indiana University Depart-ment of English, 2004.

James, W. "The Ph. D, Octopus." *Harvard Monthly*, Mar, 1903, 149–157.

Jaschik, S. "Making Grad School 'Family Friendly.'" *Inside Higher Education.* http//insidehighered. com/news/2007/04/04/family, April 4, 2004.

Kamler, B., and Thomson, P. *Helping Doctoral Students Write: Pedagogies for Supervision*. New York: Routledge, 2006.

Katz, J, and Hartnett, R. T. (eds.). *Scholars in the Making: The Development of Graduate and Professional Students*. Cambridge: Ballinger, 1976.

Kunstler, B. *Hotbouse Effect: Intensify Creativity in Your Organization Using Secrets from History's Most Innovative Communities*. Saranac Lake, NY: AMACOM, 2004.

Laurence, D. "Employment of 1996–97 English Ph. Ds: A Report on the MLA's Census of Ph. D. Placement." *ADE Bulletin,* Winter, 1998 (121), 58–69.

Laurence, D." The Latest Forecast." *ADE Bulletin*, Spring, 2002 (131), 14–19.

Levin, E. "*Portfolio Exam Proposal.* Unpublished memorandum, University of Kansas, n. d.

Loehle, C. "A Guide to Increased Creativity in Research-Inspiration or Perspiration?" *Bioscience*, 1990, 40 (2), 123–129.

Lovitts, B. E. *Leaving the Ivory Tower. The Causes and Consequences of Departure from Doctoral Study*. New York: Rowman and Littlefield, 2001.

Lovitts, B, E. "Being a Good Course-Taker Is Not Enough: A Theoretical Perspective on the Transition to Independent Research." *Studies in Higher Education*, 2005a, 30 (2), 137–154.

Lovitts, B. E. "How to Grade a Dissertation." *Academe*, 2005b, 91 (6), 18–23.

Lovitts, B. E. *Making the Implicit Explicit: Creating Performance Expectations for the Dissertation*. Sterling, Va.: Stylus, 2007.

Lunsford, A. A. "Rethinking the Ph. D. in English." In C. M. Golde and G. E. Walker (eds.), *Envisioning the Future of Doctoral Education: Preparing Stewards of the Discipline. Carnegie Essays on the Doctorate.* (pp. 357–369). San Francisco; Jossey-Bass, 2006.

Lunsford, A. A, Moglen, H., and Slevin, J. E. (eds.). *The Future of Doctoral Studies in English*. New York: Modern Language Association of America, 1989.

Maki, P. L, and Borkowski, N. (eds.). *The Assessment of Doctoral Education. Emerging Criteria and New Models for improving Outcomes*. Sterling, Va.: Stylus, 2006.

Mathae, K. B., and Birzer, C. L. *Reinvigorating the Humanities: Enhancing Research and Education on Campus and Beyond. Washington, D. C.:* Association of American Universities, 2004.

Mayhew, L. B., and Ford, P. J. *Reform in Graduate and Professional Education.* San Francisco; Jossey-Bass, 1974.

MLA. Committee on the Status of Graduate Students in the Profession. *Annual Report 2000–01.* New York: Modern Language Association, 2001.

MLA Executive Council Task Force on Graduate Education. "Conference on the Future of Doctoral Education." PMLA, 1999, 115 (5), 1136–1278.

Modern Language Association. *Final Report of the MLA Committee on Professional Employment* (http://www. mla. org/reports/contents. htm). Washington, D. C.: Modern Language Association, 1998.

Modern Language Association. *Initial Employment Placements of 2000–01 Doctorate Recipients from U. S. Universities.* Unpublished data, Modern Language Association, 2003.

Mullen, C. A. *A Graduate Student Guide: Making the Most of Mentoring.* New York: Rowman and Littlefield, 2006.

Nathan, R. *My Freshman Year: What a Professor Learned by Becoming a Student.* Ithaca, N. Y.: Cornell University Press, 2005.

National Board on Graduate Education. *Graduate Education: Purposes, Problems and Potential (No. 1).* Washington, D. C.: National Board on Graduate Education, 1972.

National Board on Graduate Education. *Doctorate Manpower Forecasts and Policy (No. 2).* Washington, D. C, ; National Board on Graduate Education, 1973.

National Board on Graduate Education. *Federal Policy Alternatives Toward Graduate Education (No. 3).* Washington, D. C.: National Board on Graduate Education, 1974.

National Board on Graduate Education. *Outlook and Opportunities for Graduate Education (No. 6).* Washington, D. C.: National Board on Graduate Education,

1975a.

National Board on Graduate Education. *Science Development, University Development, and the Federal Government (No. 4)*. Washington, D. C.: National Board on Graduate Education, 1975b.

National Board on Graduate Education. *Minority Group Participation in Graduate Education (No, 5)*. Washington, D. C.: National Board on Graduate Education, 1976.

National Center for Education Statistics. *Digest of Education Statistics: 2005*. http://nces. ed. gov/programs/digest/d05/, 2005.

National Research Council. *Renewing U. S. Mathematics: Critical Resource for the Future*. Washington, D. C.: National Academy Press, 1984.

National Science Foundation. *Grants for Vertical Integration of Research and Education in the Mathematical Sciences (VIGRE). Program Solicitation*. Arlington, Va.: National Science Foundation, 1997.

National Science Foundation. *Postdoctoral Appointments: Roles and Opportu-nities*. Arlington, Va, : National Science Foundation (Division of Chemistry and the Office of Multidisciplinary Activities), 2003.

Nerad, M. "Ph. D.'s—Ten Years Later." Paper presented at the Re-envisioning the Ph. D. Conference, University of Washington, Apr. 14, 2000.

Nerad, M., and Cerny, J. "From Rumors to Facts: Career Outcomes of English Ph. D. ' s: Results from the Ph. D.'s—Ten Years Later Study," *Council of Graduate Schools Communicator*, 1999, XXXII (7), 1–11.

Nettles, M. T., and Millet, C. M. *Three Magic Letters: Getting to Ph. D.* Baltimore, Md.: The Johns Hopkins University Press, 2006.

New York University. *The Graduate Forum*. http://www. nyu. edu/graduate . forum/, May 2004.

Nyquist, J. D., and others. "On the Road to Becoming a Professor: The Graduate Student Experience." *Change*, 1999, 31 (3), 18–27.

Nyquist, J. D., and Woodford, B. J. Seven Propositions from 2000 Conference. Seattle: University of Washington, 2000.

Nyquist, J. D., and Wulff, D. *Working Effectively with Graduate Assistants.* Newbury Park, Calif.: Sage, 1995.

O'Meara, K., and Rice, R. E. *Faculty Priorities Reconsidered: Rewarding Multiple Forms of Scholarship.* San Francisco: Jossey-Bass, 2005.

Oakeshott, M. "The Voice of Poetry in the Conversation of Mankind." In M. Oakeshott (ed.), *Rationalism in Politics and Other Essays.* London: Methuen & Co. Ltd., 1962.

Odom, W. *Report of the Senior Assessment Panel of the International Assessment of the U. S. Mathematical Sciences.* Arlington, Va.: National Science Foundation, 1998.

Olson, G. A., and Drew, J. "(Re)Reenvisioning the Dissertation in English Studies." *College English*, 1998, 61 (1), 56–66.

Paulovich, A. "Creativity and Graduate Education." *Molecular Biology of the Cell*, 1993, 4, 565–568.

Pelikan, J. J. *Scholarship and Its Survival: Questions or the Idea of Graduate Education.* Princeton, N. J.: Carnegie Foundation for the Advancement of Teaching, 1983.

Pelikan, J. J. *The Idea of the University: A Reexamination.* New Haven, Conn.: Yale University Press, 1992.

Pirrung, M. C. *Analysis of 2003 Graduate Student Survey.* Unpublished report, Duke University Department of Chemistry, 2003.

Preparing Future Faculty National Office. *PFF Web. http://preparing-faculty.* org, n. d.

Prewitt, K. "Who Should Do What: Implications for Institutional and National Leaders." In C. M. Golde and G. E. Walker (eds.), *Envisioning the Future of Doctoral Education: Preparing Stewards of the Discipline. Carnegie Essays on the Doctorate.* (pp. 23–33). San Francisco: Jossey-Bass, 2006.

Pyter, L. M., and others. *Mapping Neuroscience at Ohio State University: Graphic Representations of Program and Individual Scientific Breadth and Depth.*

Conference poster. Presented at the Society for Neuroscience, Washington, D. C., Nov. 12–16, 2005.

Rudolph, F. *The American College and University: A History*. New York: Vintage Books, 1962.

Ryan, W. C. *Studies in Early Graduate Education: The Johns Hopkins, Clark University, the University of Chicago. (Bulletin No. 30)*. New York: The Carnegie Foundation for the Advancement of Teaching, 1939.

Savage, H. J. *Fruit of an Impulse: Forty-Five Years of The Carnegie Foundation, 1905–1950*. New York: Harcourt Brace, 1953.

Shulman, L. S. "From Minsk to Pinsk: Why a Scholarship of Teaching and Learning?" *The Journal of the Scholarship of Teaching and Learning,* 2000, 1, 48–52.

Shulman, L. S. *Report of the President (Report to the Board of Trustees)*. Stanford, Calif.: The Carnegie Foundation for the Advancement of Teaching, 2002.

Shulman, L. S. "Signature Pedagogies in the Professions." *Daedalus*, 2005, 134 (3), 52–59.

Shulman, L. S., Golde, C. M., Bueschel, A. C., and Garabedian, K. J. "Reclaiming Education's Doctorates: A Critique and a Proposal." *Educational Researcher*, 2006, 35 (3), 25–32.

Speicher, A. L. *The Association of American Universities: A Century of Service to Higher Education*. http://www. aau. edu/aau/Begin. html, n. d. Stanford Research Communication. *About Our Program*. http://www. stanford. edu/group/i-rite/about. html, Apr. 5, 2007.

Stanford University Commission on Graduate Education. *Report of the Commis-sion on Graduate Education*. Stanford, Calif.: Stanford University, 2005.

Stimpson, C. R. "General Education for Graduate Education." *The Chronicle of Higher Education*, November 1, 2002, p. B7.

Stimpson, C. R. "Words and Responsibilities: Graduate Education and the Humanities." In C. M. Golde and G. E. Walker (eds.), *Envisioning the Future of*

Doctoral Education: Preparing Stewards of the Discipline, Carnegie Essays on the Doctorate. (pp. 390–418). San Francisco: Jossey-Bass, 2006.

Storr, R. F. *The Beginning of the Future.* New York: McGraw-Hill, 1973.

Sullivan, W. M. *Work and Integrity: The Crisis and Promise of Professionalism in America.* San Francisco: Jossey-Bass, 2005.

Sullivan, W. M., and others. *Educating Lawyers; Preparation for the Profession of Law*. San Francisco: Jossey-Bass, 2007.

Suzzallo, H. "Discussion of Graduate Work in American Universities." *Transac-tions and Proceedings of the National Association of State Universities in the United States of America*, 1927, 25, 83–99.

Taylor, C. "Heeding the Voices of Graduate Students and Postdocs." In C. M. Golde and G. E. Walker (eds.), *Envisioning the Future of Doctoral Education. Preparing Stewards of the Discipline. Carnegie Essays on the Doctorate.* (pp. 46–61). San Francisco: Jossey-Bass, 2006.

Tepper, S. J. "Taking the Measure of the Creative Campus." *Peer Review*, 2001, 8 (2), 4–7.

Thelin, J. *A History of American Higher Education*. Baltimore: The Johns Hopkins University Press, 2004.

Thurgood, L., Golladay, M. J., and Hill, S. T. *U. S. Doctorates in the 20th Century (Special Report)*. Washington, D. C.: National Science Foundation, 2006.

Tinto, V. "Appendix B: Toward a Theory of Doctoral Persistence." *In Leaving College: Rethinking the Causes and Cures of Student Attrition.* 2nd ed. (pp. 230–243). Chicago: University of Chicago Press, 1993.

Traweek, S. *Beamtimes and Lifetimes: The World of High Energy Physicists.* Cambridge, Mass.: Harvard University Press, 1988.

Tronsgard, D. T, "A Common-Sense Approach to the Dissertation: Should the Graduate Schools Take a Fresh Look at This Traditional Requirement." *The Journal of Higher Education*, 1963, 34 (9), 491–495.

University of Chicago, *Graduate Workshops in the Humanities and Social Sciences.* http://cas. uchicago. edu/, n. d.

University of Michigan Department of Chemistry. *Chemical Sciences at the Interface of Education.* http://www. umich. edu/~csie/, Sept. 9, 2001.

Van Gog, T., Ericsson, K. A., Rikers, R. M. J. P., and Paas, E. "Instructional Design for Advanced Learners: Establishing Connections Between the Theoretical Frameworks of Cognitive Load and Deliberate Practice." *Educational Technology Research and Development*, 2005, 53 (3), 73–81.

Wenger, E. "Communities of Practice: The Social Fabric of a Learning Organization." *Healthcare Forum Journal*, 1996, 3 (3), 149–164.

Wilson, E. O. "Back from Chaos." *The Atlantic Monthly*, 1998, 281 (3), 41–62.

Wineburg, S. S. *Historical Thinking and Other Unnatural Acts: Charting the Future of Teaching the Past*. Philadelphia: Temple University Press, 2001.

Woodrow Wilson National Fellowship Foundation. *The Responsive Ph. D.: Innovations in U. S. Doctoral Education*. Princeton, N. J.: The Woodrow Wilson National Fellowship Foundation, 2005.